Scoprire i Giochi Gratuiti Online

Disponibile Qui:

BestActivityBooks.com/FREEGAMES

5 CONSIGLI PER INIZIARE

1) COME RISOLVERE LE PAROLE INTRECCIATTE

I puzzle hanno un formato classico:

- Le parole sono nascoste senza spazi o trattini,...
- Orientamento: Le parole possono essere scritte in avanti, indietro, verso l'alto, verso il basso o in diagonale (possono essere invertite).
- Le parole possono sovrapporsi o intersecarsi.

2) APPRENDIMENTO ATTIVO

Accanto ad ogni parola c'è uno spazio per scrivere la traduzione. Per incoraggiare l'apprendimento attivo, un **DIZIONARIO** alla fine di questa edizione vi permetterà di controllare e ampliare le vostre conoscenze. Cerca e scrivi le traduzioni, trovale nel puzzle e aggiungile al tuo vocabolario!

3) SEGNARE LE PAROLE

Puoi inventare il tuo sistema di segni. Forse ne usi già uno? Per esempio, puoi segnare le parole difficili da trovare con una croce, le parole preferite con una stella, le parole nuove con un triangolo, le parole rare con un diamante, e così via.

4) STRUTTURARE L'APPRENDIMENTO

Questa edizione offre un **TACCUINO** alla fine del libro. In vacanza, in viaggio o a casa, puoi organizzare facilmente le tue nuove conoscenze senza bisogno di un secondo quaderno!

5) AVETE FINITO TUTTE LE GRIGLIE?

Nelle ultime pagine di questo libro, nella sezione della **SFIDA FINALE**, troverete un gioco gratuito!

Facile e veloce! Dai un'occhiata alla nostra collezione di libri di attività per il tuo prossimo momento di divertimento e **apprendimento,** a portata di clic!

Trova la tua prossima sfida su:

BestActivityBooks.com/MioProssimoLibro

Ai vostri posti, pronti...Via!

Sapevi che ci sono circa 7.000 lingue diverse nel mondo? Le parole sono preziose.

Amiamo le lingue e abbiamo lavorato duramente per creare libri di altissima qualità. I nostri ingredienti?

Una selezione di argomenti adatti all'apprendimento, tre buone porzioni di intrattenimento, una cucchiaiata di parole difficili e una spolverata di parole rare. Li serviamo con amore e entusiasmo in modo che tu possa risolvere i migliori giochi di parole e divertirti imparando!

La vostra opinione è essenziale. Puoi partecipare attivamente al successo di questo libro lasciandoci un commento. Ci piacerebbe sapere cosa ti è piaciuto di più di questa edizione.

Ecco un link veloce alla pagina dell'ordine:

BestBooksActivity.com/Recensione50

Grazie per il vostro aiuto e buon divertimento!

Tutta la squadra

1 - Scacchi

```
V  K  E  K  J  M  N  C  A  K  L  J  C  D
T  Ý  C  V  B  A  Y  T  U  R  N  A  J  P
S  Y  Z  N  O  J  U  C  C  Á  G  H  L  C
O  T  H  V  D  S  H  G  B  Ľ  U  M  E  M
Č  D  R  B  Y  T  M  P  O  O  T  K  I  E
A  I  A  A  H  E  P  P  B  V  S  F  E  T
S  A  E  H  T  R  I  R  E  N  K  K  F  I
K  G  P  R  G  É  L  A  T  Á  R  N  U  M
B  O  A  Á  N  D  G  V  O  P  Á  S  X  J
S  N  S  Č  T  Y  F  I  V  I  Ľ  Ú  E  Y
Ú  Á  Í  E  G  R  E  D  A  J  A  P  N  Y
Ť  L  V  F  K  U  U  L  Ť  B  I  E  L  Y
A  N  N  E  I  N  T  Á  N  B  B  R  R  U
Ž  Y  Y  K  J  W  D  D  F  N  A  K  T  O
```

SÚPER

BIELY

MAJSTER

SÚŤAŽ

DIAGONÁLNY

HRÁČ

HRA

ČIERNY

PASÍVNY

BODY

KRÁĽ

KRÁĽOVNÁ

PRAVIDLÁ

OBETOVAŤ

VÝZVY

STRATÉGIA

ČAS

TURNAJ

2 - Aggettivi #2

```
G  Z  O  D  P  O  V  E  D  N  Ý  E  O  P
P  L  N  O  R  M  Á  L  N  Y  T  N  E  R
R  A  K  R  E  A  T  Í  V  N  Y  H  L  I
O  U  M  E  N  B  M  P  Z  R  R  M  E  R
D  T  Č  I  S  T  Ý  A  O  V  K  S  G  O
U  E  S  U  C  H  Ý  M  T  P  W  A  A  D
K  N  O  V  Ý  Y  R  O  H  I  I  L  N  Z
T  T  Z  D  R  A  V  Ý  R  J  C  S  T  E
Í  I  S  I  L  N  Ý  Z  D  S  K  K  N  N
V  C  E  H  L  A  D  N  Ý  L  B  G  Ý  Ý
N  K  J  Z  A  U  J  Í  M  A  V  Ý  V  O
Y  Ý  Y  O  R  S  L  Á  V  N  Y  T  V  K
H  S  L  A  D  K  Ý  N  F  Ý  N  G  T  O
A  O  X  W  I  S  L  P  A  F  W  W  V  R
```

HLADNÝ	ZAUJÍMAVÝ
SUCHÝ	PRIRODZENÝ
AUTENTICKÝ	NORMÁLNY
KREATÍVNY	NOVÝ
POPISNÝ	HRDÝ
SLADKÝ	PRODUKTÍVNY
DRAMATICKÝ	ČISTÝ
ELEGANTNÝ	ZODPOVEDNÝ
SLÁVNY	SLANÝ
SILNÝ	ZDRAVÝ

3 - Mobili

```
Z  X  L  H  U  X  A  K  S  C  S  H  Z  A
Á  E  L  A  M  P  A  R  S  P  T  X  T  S
C  I  A  T  A  P  W  K  M  R  O  M  K  N
L  C  A  G  T  Z  S  S  G  O  L  K  Z  V
O  O  L  A  R  O  K  L  A  V  I  Č  K  A
N  J  K  U  A  C  D  O  R  K  Č  R  F  N
Y  S  O  Č  C  R  O  K  B  R  K  M  E  K
V  A  N  K  Ú  Š  E  N  J  E  A  I  Y  Ú
Z  R  K  A  D  L  O  I  G  S  R  M  N  Š
F  P  O  L  I  C  E  Ž  X  L  E  E  P  Y
D  U  O  H  S  X  B  N  E  O  P  X  C  B
F  I  T  N  E  K  X  I  P  O  S  T  E  Ľ
B  V  H  O  J  D  A  C  I  A  S  I  E  Ť
P  E  S  J  N  W  E  A  Y  Z  V  M  H  S
```

HOJDACIA SIEŤ   MATRAC
ARMOIRE   LAVIČKA
VANKÚŠE   KRESLO
VANKÚŠ   POLICE
GAUČ   STOLIČKA
FUTON   ZRKADLO
LAMPA   KOBEREC
POSTEĽ   ZÁCLONY
KNIŽNICA

4 - Pesca

```
H  L  O  Ď  Z  B  L  N  R  M  S  T  R  N
I  W  C  M  M  E  S  K  K  K  V  J  F  E
P  R  E  H  Á  Ň  A  N  I  E  Ô  O  T  U
R  D  Á  O  X  S  F  O  H  Z  J  Š  D  Z
C  K  N  T  I  J  Y  E  M  J  A  Ž  Z  A
H  C  J  P  F  J  R  Y  O  N  Z  I  E  R
V  Á  P  L  Á  Ž  B  B  T  Á  E  A  M  I
H  U  Č  L  E  J  N  P  N  V  R  B  M  A
R  W  B  I  D  R  Ô  T  O  N  O  R  E  D
R  R  I  E  K  A  C  U  S  A  U  E  M  E
P  L  U  T  V  Y  L  V  Ť  D  X  R  O  N
A  L  K  G  Y  L  Y  Z  Y  A  M  Y  L  I
Č  E  Ľ  U  S  Ť  F  A  N  J  I  C  X  E
Y  R  T  R  P  E  Z  L  I  V  O  S  Ť  C
```

VODA
ZARIADENIE
LOĎ
ŽIABRE
KÔŠ
PREHÁŇANIE
NÁVNADA
DRÔT
RIEKA

HÁČIK
JAZERO
ČEĽUSŤ
OCEÁN
TRPEZLIVOSŤ
HMOTNOSŤ
PLUTVY
PLÁŽ

5 - Aggettivi #1

```
A R O M A T I C K Ý Z D T E
O C E N N Ý D U B O R L O X
B G U I W N A Ô A Y I H T O
R D A M L A D Ý L E Ť Ý O T
O B W E E T P T N E A L Ž I
V E Ľ K Ý L S O K A Ž U N C
S U J O D V E J M V K I Ý K
K Š T E D R Ý C A A Ý F T Ý
Ý Ú P R I M N Ý K E L Y T Ý
D O K O N A L Ý T Ý Z Ý E V
C A V A G P J Z Í N H D N C
M O D E R N Ý Z V C T U K V
A M B I C I Ó Z N Y R L Ý X
A B S O L Ú T N Y W O E K W
```

AMBICIÓZNY
AROMATICKÝ
UMELECKÝ
ABSOLÚTNY
AKTÍVNY
OBROVSKÝ
EXOTICKÝ
ŠTEDRÝ
MLADÝ
VEĽKÝ

TOTOŽNÝ
DÔLEŽITÝ
POMALÝ
DLHÝ
MODERNÝ
ÚPRIMNÝ
DOKONALÝ
ŤAŽKÝ
CENNÝ
TENKÝ

6 - Geologia

```
I  S  I  K  K  O  R  A  L  O  V  Y  B  V
X  W  T  R  Y  K  R  E  M  E  Ň  C  E  X
D  Z  U  A  U  S  T  A  L  A  K  T  I  T
F  O  S  Í  L  N  E  V  Á  P  N  I  K  M
K  S  O  P  K  A  W  L  D  E  J  A  C  I
A  G  O  D  I  C  G  B  I  E  R  A  G  N
M  O  M  Ľ  G  C  V  M  K  N  C  L  E  E
E  V  R  S  T  V  A  P  I  L  A  Á  R  R
Ň  V  S  H  A  O  G  L  M  T  M  V  Ó  Á
J  A  S  K  Y  Ň  A  O  I  S  Y  A  Z  L
B  G  Z  Y  K  R  Y  Š  T  Á  L  Y  I  Y
G  E  J  Z  Í  R  O  I  T  U  S  P  A  Y
O  I  Z  V  X  K  O  N  T  I  N  E  N  T
V  Z  E  M  E  T  R  A  S  E  N  I  E  S
```

KYSELINA	LÁVA
PLOŠINA	MINERÁLY
VÁPNIK	KAMEŇ
JASKYŇA	KREMEŇ
KONTINENT	SOĽ
KORALOV	STALAGMITY
KRYŠTÁLY	STALAKTIT
ERÓZIA	VRSTVA
FOSÍLNE	ZEMETRASENIE
GEJZÍR	SOPKA

7 - Campeggio

```
P O V A H A X R D M H K O S
I H K A I X R E O E O L H I
R B L O V R C H B S J O E O
H M Y Z M G D B R I D B Ň G
P L Y V K P L I O A A Ú W A
Z I R I F M A K D C C K U R
A I C E N C N S R Z I G E A
S W J R Y X O Z U U A K S Z
D E O A S T A N Ž X S D T R
K V W T R Z N N S N I M R W
M K N Á L Z O E T L E E O K
K A B Í N A I N V S Ť J M U
R Y P K A N O E O L E S Y Z
Z Á B A V A J A Z E R O B L
```

STROMY
HOJDACIA SIEŤ
ZVIERATÁ
DOBRODRUŽSTVO
KOMPAS
KABÍNA
LOV
KANOE
KLOBÚK
LANO

ZÁBAVA
LES
OHEŇ
HMYZ
JAZERO
MESIAC
MAPA
VRCH
POVAHA
STAN

8 - Arti Visive

```
K K M V B U H A P K K J P Z
S W V E O U O R F E I G E L
U P X D Y S T C M R R F R O
K M Z R O H K H P A M O S Ž
R C E H T J F I L M A T P E
I A G L H M P T S I Ľ O E N
E T N I E I L E T K O G K I
D O S N J C A K O A V R T E
A B V A H Y K T J L A A Í F
P O R T R É T Ú A M N F V H
R U H L I E V R N T I I A Z
Y D S O C H A A G Y E A E H
T V O R I V O S Ť I F P Z S
E P S F Y C E R U Z K A B J
```

ARCHITEKTÚRA	FOTOGRAFIA
HLINA	KRIEDA
UMELEC	CERUZKA
UHLIE	PERO
STOJAN	MAĽOVANIE
VOSK	PERSPEKTÍVA
KERAMIKA	PORTRÉT
ZLOŽENIE	SOCHA
TVORIVOSŤ	LAK
FILM	

9 - Tempo

```
P  D  N  E  S  N  O  O  K  D  D  K  O  V
R  O  K  O  H  O  D  I  N  Y  M  I  V  A
S  V  L  A  J  C  F  P  R  J  F  R  D  V
B  T  Č  U  G  E  W  I  T  U  K  L  X  D
U  R  O  E  D  E  S  A  Ť  R  O  Č  I  E
D  O  S  R  R  N  R  Á  N  O  F  J  K  Ň
Ú  Č  K  C  O  A  I  L  X  C  J  F  A  M
C  N  O  P  E  Č  M  E  S  I  A  C  L  I
N  Ý  R  O  T  T  I  P  R  E  D  T  E  N
O  H  O  D  I  N  A  E  D  C  V  Ý  N  Ú
S  Y  C  H  G  N  P  P  Y  B  A  Ž  D  T
Ť  T  P  Y  U  S  V  J  X  J  N  D  Á  A
U  Y  G  A  X  J  C  W  H  G  M  E  R  G
A  B  L  C  U  G  O  S  V  P  E  Ň  S  W
```

ROK	POLUDNIE
ROČNÝ	MINÚTA
KALENDÁR	NOC
DESAŤROČIE	DNES
PO	HODINA
BUDÚCNOSŤ	HODINY
DEŇ	ČOSKORO
VČERA	PRED
RÁNO	STOROČIE
MESIAC	TÝŽDEŇ

10 - Astronomia

```
S  X  C  G  A  S  T  R  O  N  Ó  M  O  P
T  Ú  G  R  A  V  I  T  Á  C  I  A  Y  L
E  V  H  O  N  L  K  O  Z  M  O  S  H  A
L  E  M  V  A  E  A  M  E  T  E  O  R  N
E  S  L  N  E  D  B  X  P  N  J  C  M  É
S  M  O  O  F  Z  M  A  I  M  L  J  G  T
K  Í  V  D  D  F  D  M  R  A  K  E  T  A
O  R  I  E  A  E  Ž  I  A  R  E  N  I  E
P  M  N  N  U  S  U  P  E  R  N  O  V  A
W  E  A  N  D  J  B  L  M  H  Z  E  M  X
A  S  L  O  R  Y  N  B  E  X  N  G  W  U
D  I  A  S  T  E  R  O  I  D  Z  G  P  P
X  A  H  Ť  I  Z  U  I  Y  M  R  B  G  B
K  C  F  A  S  T  R  O  N  A  U  T  J  S
```

ASTEROID
ASTRONAUT
ASTRONÓM
NEBA
KOZMOS
SÚHVEZDIE
ROVNODENNOSŤ
GALAXIA
GRAVITÁCIA
MESIAC

METEOR
HMLOVINA
PLANÉTA
ŽIARENIE
RAKETA
SUPERNOVA
TELESKOP
ZEM
VESMÍR

11 - Circo

```
U  Z  B  R  L  D  Y  O  F  C  O  P  X  K
P  K  V  E  Ľ  K  O  L  E  P  Ý  H  H  L
Ž  C  D  I  V  Á  K  S  T  A  N  S  U  A
P  O  R  W  E  S  P  R  I  E  V  O  D  U
A  X  N  G  C  R  T  I  D  E  W  S  B  N
K  G  B  G  H  K  A  N  O  L  J  K  A  G
R  Ú  I  A  L  J  S  T  M  Í  S  L  O  J
O  K  Z  Y  S  É  E  I  Á  S  L  O  N  F
B  O  F  E  Z  M  R  G  I  T  F  O  G  B
A  S  L  W  L  R  O  E  Z  O  P  I  C  A
T  T  B  Y  H  N  T  R  I  K  U  E  O  L
J  Ý  P  M  P  X  Í  K  J  H  R  I  G  Ó
G  M  Z  F  X  C  U  K  R  O  V  Í  N  N
D  X  G  N  M  L  E  V  K  Ú  Z  L  O  Y
```

AKROBAT	KÚZELNÍK
ZVIERATÁ	HUDBA
LÍSTOK	BALÓNY
CUKROVÍ	SPRIEVOD
KLAUN	OPICA
KOSTÝM	VEĽKOLEPÝ
SLON	DIVÁK
ŽONGLÉR	STAN
LEV	TIGER
KÚZLO	TRIK

12 - Mitologia

```
D I A S K K S S V Z O J P N
D F R P S A H R D I N A R Z
V A C R M Ž T B L E S K Í K
P T H Á R I M A O U I Y Š L
F H E V T A Y S S O L T E E
Z L T A E R L O B T A U R G
H J Y N Ľ L A K O T R B A E
K R P I N I B Y J V G O K N
V U O E Ý V Y T O O J Ž F D
D V L M J O R V V R E S A A
M K F T V S I O N G O T V O
L O O E Ú Ň N R Í S Y V B W
C E A A X R T B K X N Á C N
T I H H C T A A X P C A A M
```

ARCHETYP
SPRÁVANIE
TVOR
TVORBA
KULTÚRA
KATASTROFA
BOŽSTVÁ
HRDINA
SILA

BLESK
ŽIARLIVOSŤ
BOJOVNÍK
LABYRINT
LEGENDA
SMRTEĽNÝ
PRÍŠERA
HROM

13 - Piante

```
I  B  O  T  A  N  I  K  A  S  B  W  L  V
F  N  Y  Z  K  E  R  Y  L  M  T  U  Í  S
S  U  A  O  B  V  T  E  R  I  H  O  S  B
Y  X  V  L  X  O  L  Í  S  T  I  E  T  R
J  Z  R  L  D  X  B  N  U  A  E  H  O  E
E  F  L  Ó  R  A  V  U  P  F  R  Z  K  Č
K  A  K  T  U  S  L  J  L  S  U  Á  V  T
O  Z  H  T  C  X  X  E  I  E  T  H  E  A
R  U  N  R  A  U  V  J  S  U  B  R  T  N
E  Ľ  O  Á  R  Y  P  O  T  G  M  A  O  V
Ň  A  J  V  V  B  S  A  L  E  Z  D  V  M
D  A  I  A  B  A  M  B  U  S  U  A  W  A
Z  Z  V  V  E  G  E  T  Á  C  I  A  U  C
D  D  O  K  O  C  W  L  X  Z  V  X  R  H
```

STROM	KVET
BOBULE	FLÓRA
BAMBUS	LIST
BOTANIKA	LÍSTIE
KAKTUS	LES
KER	ZÁHRADA
BREČTAN	MACH
TRÁVA	LÍSTOK
FAZUĽA	KOREŇ
HNOJIVO	VEGETÁCIA

14 - Spezie

```
Š A F R A N B A N E S E Z N
C C A K U R K U M A H U N S
I Š F A O U C G R L S S B A
B K G R L R H R D G L S N B
U O N D I W I M F X A B O X
Ľ R N A K D O A E C D S V Ľ
A I H M D X A D N L K P A B
Z C H O R K Ý D I D Ý A N K
Á A K N F Y I C K W E P I A
Z S U T G X K R E T U R L R
V V D O F X E A L S Y I K I
O J K H I N E S E H N K A D
R X I T C J F C H U Ť A S T
M X L A N Í Z A S B P U K X
```

CESNAK
HORKÝ
ANÍZ
ŠKORICA
KARDAMON
CIBUĽA
KORIANDER
RASCA
KURKUMA

KARI
SLADKÝ
FENIKEL
CHUŤ
PAPRIKA
SOĽ
VANILKA
ŠAFRAN
ZÁZVOR

15 - Numeri

```
S  Š  D  E  S  A  Ť  V  O  S  E  M  B  T
H  E  E  V  E  F  H  U  R  E  N  Y  B  R
X  S  D  V  A  N  Á  S  Ť  D  U  N  B  I
Š  Ť  M  E  J  D  J  O  P  E  L  W  D  N
F  T  R  I  M  E  S  L  Ä  M  A  H  E  Á
P  R  R  J  B  X  Z  A  Ť  N  N  V  S  S
P  Ä  T  N  Á  S  Ť  H  Ť  Á  D  V  A  Ť
Y  C  K  H  Á  I  E  Z  U  S  Z  S  T  I
A  G  B  O  J  S  K  L  C  Ť  Y  B  I  M
W  K  X  R  F  L  Ť  M  Z  N  P  D  N  X
O  S  E  M  N  Á  S  Ť  G  L  Y  E  N  A
Š  E  S  T  N  Á  S  Ť  V  U  B  V  É  A
E  S  N  A  Š  T  Y  R  I  M  L  Ä  U  Z
D  E  V  Ä  T  N  Á  S  Ť  D  D  Ť  M  Y
```

PÄŤ	ŠTRNÁSŤ
DESATINNÉ	ŠTYRI
DEVÄTNÁSŤ	PÄTNÁSŤ
SEDEMNÁSŤ	ŠESTNÁSŤ
OSEMNÁSŤ	ŠESŤ
DESAŤ	SEDEM
DVANÁSŤ	TRI
DVA	TRINÁSŤ
DEVÄŤ	DVADSAŤ
OSEM	NULA

16 - Cioccolato

```
N  M  I  H  U  K  V  G  J  V  B  I  E  R
P  Y  I  O  J  A  P  S  W  U  X  K  X  E
Z  E  Z  R  D  L  R  L  D  M  F  X  O  M
V  L  W  K  A  Ó  Á  A  R  Ó  M  A  T  E
R  H  O  Ý  E  R  Š  D  Š  U  P  F  I  S
E  J  O  Ž  K  I  O  K  K  I  A  G  C  E
C  W  B  S  K  E  K  Ý  O  M  D  S  K  L
E  K  Ľ  F  V  A  K  A  K  A  O  Y  Ý  N
P  A  Ú  C  A  K  O  K  O  S  O  V  Ý  É
T  R  B  I  L  C  U  K  R  O  V  Í  L  J
I  A  E  W  I  F  H  C  U  K  O  R  E  L
T  M  N  S  T  R  W  U  S  J  I  G  T  W
R  E  Ý  M  A  W  Z  E  Ť  V  U  A  I  E
N  L  A  H  O  D  N  Ý  B  C  B  A  A  X
```

HORKÝ	EXOTICKÝ
ARAŠIDY	CHUŤ
ARÓMA	ZLOŽKA
REMESELNÉ	KOKOSOVÝ
KAKAO	PRÁŠOK
KALÓRIE	OBĽÚBENÝ
CUKROVÍ	KVALITA
KARAMEL	RECEPT
LAHODNÝ	CUKOR
SLADKÝ	

17 - Guida

```
P V X C O A D X F L J N G Z
P O L Í C I A O T U N E L T
M M A P A U T O P G O A X P
O P A T R N O S Ť R I J O A
T G A R Á Ž L C E O A P P L
O B C B L F P I E L N V A I
R R P L Y N E K C S Y T A V
J Z P B T W Š L C E T G J O
C D J N D B E K Z Y N A H G
H Y N Y V K J B U C W C W D
M O T O C Y K E L H Z K I W
N E H O D A P R E P R A V A
O B E Z P E Č N O S Ť J U C
A U T O B U S N A V R M J T
```

OPATRNOSŤ
AUTO
AUTOBUS
PALIVO
BRZDY
GARÁŽ
PLYN
NEHODA
LICENCIA
MAPA

MOTOCYKEL
MOTOR
PEŠEJ
POLÍCIA
BEZPEČNOSŤ
CESTA
DOPRAVA
PREPRAVA
TUNEL

18 - Sport

```
M U T M B N Y A B R V G M T
Š A G C O X E E M P Í O E Z
P S J U J D S C A V Ť L T G
O B A S K E T B A L A F A Y
R I T F T G Y M N Á Z I U M
T C E E R R B Š T A D I Ó N
O Y N F É M O E M R B N E A
V K I U N P J V J D R H N S
E E S W E X N H S Z I T M T
C L P S R D H R H T B L F I
X I W O W G G Á V Í V A Z K
V J Z F H R A Č H M E O L A
O T A R N Y R O Z H O D C A
H O K E J C B O N C T Y T G
```

TRÉNER
ROZHODCA
ŠPORTOVEC
BEJZBAL
BASKETBAL
BICYKEL
MAJSTROVSTVO
GYMNASTIKA
HRÁČ

HRA
GOLF
HOKEJ
POHYB
GYMNÁZIUM
TÍM
ŠTADIÓN
TENIS
VÍŤAZ

19 - Giocattoli

```
K  T  D  H  T  N  U  Y  P  Š  F  R  E  V
U  N  Z  H  B  Á  B  I  K  A  A  E  N  L
K  D  I  X  I  K  E  K  G  C  R  M  E  A
R  V  K  H  C  L  O  U  G  H  B  E  W  K
H  H  M  Á  Y  A  U  T  O  B  Y  S  N  B
T  R  Y  D  K  D  T  H  F  V  F  L  S  N
C  Y  T  A  E  N  B  I  C  I  E  Á  B  R
L  P  K  N  L  É  W  S  Z  N  S  M  X  O
Y  O  R  K  B  A  M  H  F  B  U  G  N  B
H  Z  P  A  S  U  K  Y  H  L  I  N  A  O
L  Z  O  T  N  T  V  R  U  K  F  S  V  T
U  O  V  X  A  O  B  Ľ  Ú  B  E  N  Ý  F
X  K  Ď  L  I  E  T  A  D  L  O  T  U  V
P  R  E  D  S  T  A  V  I  V  O  S  Ť  X
```

LIETADLO	PREDSTAVIVOSŤ
HLINA	KNIHY
REMESLÁ	LOPTA
AUTO	OBĽÚBENÝ
BÁBIKA	HÁDANKA
LOĎ	ROBOT
BICIE	ŠACH
BICYKEL	VLAK
NÁKLADNÉ AUTO	FARBY
HRY	

20 - Strumenti di Cottura

```
O  S  D  N  M  V  I  D  L  I  C  A  U  S
E  D  T  T  C  E  D  N  Í  K  E  L  R  P
A  E  Š  R  V  K  F  U  E  V  H  Y  S  O
F  N  T  Ť  Ú  O  R  I  C  N  Ô  Ž  T  R
O  T  L  I  A  H  E  Z  I  K  A  I  I  Á
S  E  M  X  M  V  A  M  A  E  I  C  E  K
Y  T  J  O  U  Z  O  D  I  E  U  A  R  Y
B  N  O  R  X  E  R  V  L  X  H  M  K  X
J  R  K  Ú  E  Y  R  K  A  O  É  F  A  T
H  C  P  R  Í  B  O  R  Y  Č  P  R  A  M
C  H  L  A  D  N  I  Č  K  A  H  N  G  F
T  E  P  L  O  M  E  R  E  L  R  U  E  M
Z  O  N  O  Ž  N  I  C  E  X  O  T  X  G
K  A  N  V  I  C  A  V  H  P  B  G  J  R
```

KANVICA	CHLADNIČKA
CEDNÍK	MIXÉR
NÔŽ	STRÚHADLO
VEKO	PRÍBORY
LYŽICA	STIERKA
NOŽNICE	ODŠŤAVOVAČ
VIDLICA	SPORÁK
RÚRA	TEPLOMER

21 - Uccelli

```
K N F B B K P Š T R O S E P
U L Y V R U H V X H Y G D A
B J W M S K O A O P Á V N P
U V J N A U L J O L M L Č A
L A B U Ť Č U E K R A L A G
D F R J M K B C Z H O V J Á
W K B B D A Z L T O Y L K J
P E L I K Á N U U L A M A A
P L A M E N I A K U R A P O
T G N U N O P M A B U C J Y
W R E B O C I A N I B O P D
V N V H A H Z A R C R N I Z
S X P D C Z U N K A Č I C A
T U Č N I A K S V R A B E C
```

VOLAVKA	PAPAGÁJ
KAČICA	VRABEC
OROL	PÁV
BOCIAN	PELIKÁN
LABUŤ	HOLUB
HOLUBICA	TUČNIAK
KUKUČKA	KURA
PLAMENIAK	PŠTROS
ČAJKA	TUKAN
HUS	VAJEC

22 - Giorni e Mesi

```
W  T  Y  Z  K  F  S  T  A  B  D  J  M  U
B  B  B  V  A  E  E  O  B  F  F  F  J  M
J  Ú  L  A  L  B  P  I  A  T  O  K  Z  G
A  Ú  I  U  E  R  T  Ý  Ž  D  E  Ň  B  T
N  G  N  G  N  U  E  S  T  R  E  D  A  N
U  E  I  U  D  Á  M  E  S  I  A  C  B  O
Á  T  T  S  Á  R  B  A  A  P  R  Í  L  V
R  T  O  T  R  I  E  A  G  O  W  O  E  E
W  O  M  R  F  L  R  I  O  N  U  E  K  M
X  P  R  S  O  M  G  N  E  D  E  Ľ  A  B
S  Z  U  H  O  K  T  Ó  B  E  R  H  G  E
S  O  B  O  T  A  G  Z  Y  L  U  H  R  R
D  E  C  E  M  B  E  R  E  O  O  Y  E  K
B  V  G  U  Y  L  M  F  X  K  U  M  X  G
```

AUGUST	PONDELOK
ROK	UTOROK
APRÍL	STREDA
KALENDÁR	MESIAC
DECEMBER	NOVEMBER
NEDEĽA	OKTÓBER
FEBRUÁR	SOBOTA
JANUÁR	SEPTEMBER
JÚN	TÝŽDEŇ
JÚL	PIATOK

23 - Casa

```
N  L  P  S  P  R  C  H  A  I  M  X  K  H
Y  T  W  D  T  L  M  E  T  L  A  L  J  C
K  G  Y  Z  U  L  O  L  P  O  Z  B  N  K
P  O  D  L  A  H  A  T  A  J  K  R  B  Y
S  N  I  T  C  N  H  K  M  M  Z  N  K  J
G  A  R  Á  Ž  H  Y  O  K  S  T  R  O  P
S  Z  D  V  E  R  E  B  N  T  E  A  H  K
T  Á  R  D  T  K  I  E  I  E  N  G  Ú  U
R  H  R  K  E  W  H  R  Ž  N  W  W  T  C
E  R  R  H  A  F  I  E  N  A  M  Z  I  H
C  A  G  J  Z  D  L  C  I  Z  B  A  K  Y
H  D  W  P  L  C  L  H  C  M  I  W  U  Ň
A  A  L  A  M  P  A  O  A  F  O  P  F  A
P  O  D  K  R  O  V  I  E  V  I  R  U  H
```

PODKROVIE	STENA
KNIŽNICA	PODLAHA
IZBA	DVERE
KRB	PLOT
KUCHYŇA	KOHÚTIK
SPRCHA	METLA
OKNO	STROP
GARÁŽ	ZRKADLO
ZÁHRADA	KOBEREC
LAMPA	STRECHA

24 - Ristorante #1

```
J  N  Y  T  G  Č  A  Š  N  Í  Č  K  A  I
X  Ô  J  R  E  Z  E  R  V  Á  C  I  A  A
V  Ž  T  A  N  I  E  R  V  D  C  N  F  L
P  X  H  M  H  G  E  O  K  E  H  G  H  E
M  O  M  Á  Č  K  A  Y  U  Z  L  R  U  R
S  A  K  C  I  D  C  I  C  E  I  E  V  G
S  P  Á  L  X  K  R  K  H  R  E  D  W  I
M  C  V  F  A  O  F  U  Y  T  B  I  N  A
L  I  A  F  Z  D  S  R  Ň  B  J  E  S  Ť
M  U  S  V  K  E  N  A  A  M  E  N  U  D
U  Ä  Y  K  N  F  J  Í  H  S  D  C  W  F
P  T  S  J  A  I  C  B  K  I  L  I  C  X
Z  A  R  O  B  R  Ú  S  O  K  O  E  I  J
E  S  P  I  K  A  N  T  N  É  G  T  E  G
```

ALERGIA	INGREDIENCIE
KÁVA	JESŤ
ČAŠNÍČKA	MENU
MÄSO	CHLIEB
POKLADNÍK	TANIER
JEDLO	PIKANTNÉ
MISKA	KURA
NÔŽ	REZERVÁCIA
KUCHYŇA	OMÁČKA
DEZERT	OBRÚSOK

25 - Fantascienza

```
I  M  A  G  I  N  Á  R  N  Y  M  D  O  P
E  X  T  R  É  M  N  Y  T  P  R  S  H  L
O  D  Y  S  T  O  P  I  A  V  V  V  E  A
R  E  A  L  I  S  T  I  C  K  Ý  E  Ň  N
A  A  K  K  L  K  F  Z  D  D  B  T  H  É
C  T  N  A  Ú  I  N  F  K  I  U  M  H  T
L  Ó  I  J  Z  N  N  S  E  P  C  I  M  A
E  M  H  S  I  O  D  T  A  J  H  H  N  N
R  O  Y  F  A  N  T  A  S  T  I  C  K  Ý
H  V  I  E  J  A  R  O  B  O  T  Y  U  Y
B  Á  G  A  L  A  X  I  A  E  X  L  F  H
T  A  J  O  M  N  Ý  X  U  T  Ó  P  I  A
F  U  T  U  R  I  S  T  I  C  K  Ý  V  L
T  E  C  H  N  O  L  Ó  G  I  A  S  W  D
```

ATÓMOVÁ	IMAGINÁRNY
KINO	KNIHY
DYSTOPIA	TAJOMNÝ
VÝBUCH	SVET
EXTRÉMNY	ORACLE
FANTASTICKÝ	PLANÉTA
OHEŇ	REALISTICKÝ
FUTURISTICKÝ	ROBOTY
GALAXIA	TECHNOLÓGIA
ILÚZIA	UTÓPIA

26 - Città

```
G V K B O K D O Y V Z Š D K
H T U I L E T I S K O K I L
T X J J N M Z O R R O O V I
B A N K A O Ú X O Z H L A N
Š T A D I Ó N Z L B N A D I
V H U T G H O T E L C T L K
K N I Ž N I C A K U N H O A
L T X S N C R V Á S M B O A
D B J P L X N T R H D M B D
G A D K W Y C P E K Á R E Ň
G A L É R I A C Ň W V V S V
S U P E R M A R K E T I P Y
K V E T I N Á R S T V O J D
K N Í H K U P E C T V O R R
```

LETISKO	TRH
BANKA	MÚZEUM
KNIŽNICA	OBCHOD
KINO	PEKÁREŇ
KLINIKA	ŠKOLA
LEKÁREŇ	ŠTADIÓN
KVETINÁRSTVO	SUPERMARKET
GALÉRIA	DIVADLO
HOTEL	ZOO
KNÍHKUPECTVO	

27 - Virtù #1

```
R Y L Š G O S M I E Š N Y K
O D Z T Z J Z A Ú M X C I G
Z Č E E X J E O P D O B R E
H I A D C W V G A K R C V C
O S N R Z V E D A V Ý Y C N
D T P Ý U U M E L E C K Ý E
U Ý S A H J C T H V U B H Z
J B K F C F Ú N Y Á Ž P N Á
Ú I R W F I P C E Š I B T V
C N O I M G E X I N T T P I
I A M Y K K E N P I O D M S
W B N E V M M A T V Č E E L
X Z Ý Ú Č I N N Ý Ý N Y F Ý
P R A K T I C K Ý A Ý P E L
```

OČARUJÚCI	ŠTEDRÝ
VÁŠNIVÝ	NEZÁVISLÝ
UMELECKÝ	SKROMNÝ
DOBRE	PACIENT
ZVEDAVÝ	PRAKTICKÝ
ROZHODUJÚCI	ČISTÝ
SMIEŠNY	MÚDRY
ÚČINNÝ	UŽITOČNÝ

28 - Compleanno

```
O  V  M  Ú  D  R  O  S  Ť  F  H  K  P  Š
O  S  Z  K  O  M  T  L  P  X  J  B  R  Ť
G  G  L  K  Z  I  S  B  Z  I  I  F  I  A
C  V  G  A  P  I  E  S  E  Ň  M  Č  A  S
V  Š  L  R  V  O  W  S  B  K  S  D  T  T
F  P  O  T  E  A  Z  Á  B  A  V  A  E  N
X  E  D  Y  Ľ  E  S  V  J  L  I  B  L  Ý
T  C  B  B  K  Z  S  T  Á  E  E  T  I  F
G  I  H  T  Ý  Y  G  F  V  N  Č  P  A  T
V  Á  N  M  F  D  A  R  V  D  K  N  L  O
M  L  A  D  Ý  E  S  A  N  Á  Y  Y  Z  R
U  N  W  X  J  Ň  W  D  O  R  Y  T  M  T
U  Y  N  A  R  O  D  E  N  Ý  O  T  T  A
R  A  D  O  S  T  N  Ý  J  D  Y  K  R  Z
```

PRIATELIA	DEŇ
ROK	MLADÝ
KALENDÁR	VEĽKÝ
SVIEČKY	POZVÁNKY
PIESEŇ	NARODENÝ
KARTY	DAR
OSLAVA	MÚDROSŤ
ZÁBAVA	ŠPECIÁLNY
ŠŤASTNÝ	ČAS
RADOSTNÝ	TORTA

29 - Fattoria #1

```
E  V  E  S  O  M  Á  R  W  Z  P  V  J  L
S  Y  T  E  Ľ  A  W  I  B  H  H  O  I  B
L  E  K  N  H  N  O  J  I  V  O  D  V  V
X  T  M  O  E  X  H  H  X  I  W  A  H  Y
K  Ŕ  D  E  Ľ  K  T  M  K  Z  J  P  E  S
O  F  L  O  N  J  D  B  Ô  U  P  Ô  F  X
Z  P  O  L  E  Á  V  Z  Ň  E  R  D  F  P
A  R  L  A  J  N  Č  J  Z  J  Y  A  D  A
M  A  P  O  N  R  E  U  L  F  Ž  T  J  O
A  S  W  K  T  Z  L  I  N  U  A  F  R  K
A  A  I  W  L  O  A  K  R  A  V  A  D  V
M  E  D  M  A  Č  K  A  F  T  A  D  T  X
T  B  O  N  C  X  K  L  L  O  V  F  G  S
H  J  I  N  F  C  B  I  E  R  V  M  N  U
```

VODA	KŔDEĽ
VČELA	PRASA
SOMÁR	MED
POLE	KRAVA
PES	KURA
KOZA	PLOT
KÔŇ	RYŽA
HNOJIVO	SEMENÁ
SENO	PÔDA
MAČKA	TEĽA

30 - Paesaggi

```
R B D C S R N G P L Á Ž Ú P
Z Z A M O I J E O Á Z A D Ú
Z P K O P E C J L W N S O Š
Ľ J V S K K F Z O V F G L Ť
T A B T A A N Í S H Z M I A
J N D R D O A R T J S Z E V
W A X O B M G H R A V V K O
J T Z V V W O V O S Y F S D
E F D E Y E U R V K N N G O
I Z J A R L C C E Y R P Y P
D P D S P O O H K Ň M Z E Á
I E U M O Č I A R A Z H O D
T U N D R A O C E Á N O O F
S S Y E I Y B O V N X F N M
```

VODOPÁD
KOPEC
PÚŠŤ
DUNY
RIEKA
GEJZÍR
ĽADOVEC
JASKYŇA
OSTROV
JAZERO

MORE
VRCH
OÁZA
OCEÁN
MOČIAR
POLOSTROV
PLÁŽ
TUNDRA
ÚDOLIE
SOPKA

31 - Ristorante #2

```
P  V  I  D  L  I  C  A  M  F  I  Y  L  Z
O  W  N  S  K  O  R  E  N  I  E  G  A  E
L  O  G  T  H  H  T  S  X  V  S  L  H  L
I  Y  G  O  O  V  O  C  I  E  R  M  O  E
E  B  Ž  L  V  U  F  V  L  Č  H  V  D  N
V  K  E  I  I  W  L  O  B  E  D  Ľ  N  I
K  G  R  Č  C  V  O  D  A  R  V  A  Ý  N
A  U  Y  K  L  A  N  U  L  A  K  D  Z  A
U  U  B  A  G  J  L  Á  Č  A  Š  N  Í  K
Š  M  Y  V  D  C  Z  P  P  T  Z  P  U  D
M  A  L  T  W  I  A  S  R  O  L  S  Z  F
F  H  L  E  Y  A  C  S  D  R  J  O  V  C
K  B  U  Á  F  G  L  A  U  T  G  Ľ  G  G
Y  D  E  H  T  H  E  P  L  A  L  P  F  M
```

VODA	POLIEVKA
NÁPOJ	RYBY
ČAŠNÍK	OBED
VEČERA	SOĽ
LYŽICA	STOLIČKA
LAHODNÝ	KORENIE
VIDLICA	TORTA
OVOCIE	VAJCIA
ĽAD	ZELENINA
ŠALÁT	

32 - Giardino

```
V H B M J C L S U O F K B K
C H E B T E R A S A L V E A
Z Á H R A D A D V I N I Č R
H S T R O M B U T I A M P I
R A B U R I N Y R G Č C Ô G
A D D D Y Y R S Á A K K D R
B R M I Y C W T V R T V A Y
L L F M C L U R A Á H E T B
E B L O P A T A O Ž E T R N
H O J D A C I A S I E Ť Á Í
Y C T I S M R V O R P O V K
D E Y C T R A M P O L Í N A
L W K L Z N T S X K O X I S
J M S M K H P I F H T K K E
```

STROM	LAVIČKA
HOJDACIA SIEŤ	TRÁVNIK
KER	HRABLE
TRÁVA	PLOT
BURINY	RYBNÍK
KVET	PÔDA
SAD	TERASA
GARÁŽ	TRAMPOLÍNA
ZÁHRADA	HADICA
LOPATA	VINIČ

33 - Frutta

```
L X C H B B K X K S I P M F
Y I M R R J A B L K O A A I
Z Z P U O M A N G O S P R G
D B T Š S W G G Á D B Á H A
C Z H K K I V I H N Y J U I
Č I X A Y Č E R E Š Ň A L P
O E T E Ň A V O K Á D O E T
R U R R A N A N Á S D N S M
A G J N Ó M I K B O B U L E
N C J X I N H R O Z N O I L
Ž S W R B C C Y V V U R V Ó
O C U H R J E Y M H O N K N
V E J J X X M E G R L J A L
Ý M A L I N A N J T D P O N
```

MARHULE	CITRÓN
ANANÁS	MANGO
ORANŽOVÝ	JABLKO
AVOKÁDO	MELÓN
BOBULE	ČERNICE
BANÁN	PAPÁJA
ČEREŠŇA	HRUŠKA
FIGA	BROSKYŇA
KIVI	SLIVKA
MALINA	HROZNO

34 - Fattoria #2

```
S  Z  A  V  L  A  Ž  O  V  A  N  I  E  L
F  T  N  N  H  M  Z  V  G  L  S  A  D  A
A  Z  O  E  F  G  J  O  I  Ú  Y  X  S  M
R  V  G  D  K  M  A  C  T  K  F  P  K  A
M  I  J  X  O  U  H  I  L  A  I  A  L  M
Á  E  V  I  B  L  Ň  E  S  I  W  S  R  K
R  R  L  O  K  H  A  T  R  A  K  T  O  R
L  A  S  J  R  U  I  P  Š  E  N  I  C  A
R  T  Y  F  N  S  K  J  A  Č  M  E  Ň  K
S  Á  K  J  K  I  O  U  P  S  R  N  A
J  E  D  L  O  M  P  H  R  V  O  F  T  Č
P  E  M  D  W  Ú  B  V  X  I  V  C  O  I
M  L  I  E  K  O  Ľ  J  R  N  C  J  U  C
B  M  Y  W  M  O  J  J  C  A  E  A  D  A
```

JAHŇA
FARMÁR
ÚĽ
KAČICA
ZVIERATÁ
JEDLO
STODOLA
OVOCIE
SAD
PŠENICA

ZAVLAŽOVANIE
LAMA
MLIEKO
KUKURICA
HUSI
JAČMEŇ
PASTIER
OVCE
LÚKA
TRAKTOR

35 - Dinosauri

```
B G K L S I Z U V F Z Z P A
Y C F O S Í L I E O H A R A
L R L H R V F U Ľ U L Č E Z
I A W R B I H B K F C A H P
N P C O M C S W O U M R I Z
O T Z M T H I Ť S X X O S K
Ž O M N I V O R Ť D U V T K
R R I Ý S O K R Í D L A O X
A V Z A B S S Y U A O N R M
V M N S P T S R D M D Ý I O
E B U M Ä S O Ž R A V E C C
C S T V Ý V O J U M Z K K N
T R I V E Ľ K Ý H U L E Ý Ý
L Z E P L A Z J X T G A M Z
```

KRÍDLA

MÄSOŽRAVEC

CHVOST

OHROMNÝ

BYLINOŽRAVEC

VÝVOJ

FOSÍLIE

VEĽKÝ

MAMUT

OMNIVOR

MOCNÝ

KORISŤ

PREHISTORICKÝ

RAPTOR

PLAZ

ZMIZNUTIE

DRUH

VEĽKOSŤ

ZEM

ZAČAROVANÝ

36 - Verdure

```
R  E  Ď  K  O  V  K  A  P  H  K  E  M  A
B  A  K  L  A  Ž  Á  N  E  V  U  B  V  R
T  I  V  P  P  N  G  R  T  Y  M  B  B  T
Z  T  E  W  D  G  Š  M  R  K  V  A  A  I
C  E  S  N  A  K  U  A  Ž  M  B  J  S  Č
H  K  L  J  P  R  D  W  L  B  F  N  K  O
R  V  D  E  K  Z  S  I  E  Á  D  W  V  K
A  I  N  C  R  Š  P  E  N  Á  T  Š  A  V
C  C  O  H  M  D  C  I  B  U  Ľ  A  K  W
H  A  A  N  E  Z  A  R  A  H  X  L  A  Z
U  L  J  S  Z  Z  Á  Z  V  O  R  O  G  R
B  R  O  K  O  L  I  C  A  R  D  T  K  F
Z  E  M  I  A  K  V  R  Y  K  T  K  K  M
U  P  A  R  A  D  A  J  K  A  F  A  P  V
```

CESNAK	HRACH
BROKOLICA	PARADAJKA
ARTIČOK	PETRŽLEN
MRKVA	KVAKA
UHORKA	REĎKOVKA
CIBUĽA	ŠALOTKA
HUBA	ZELER
ŠALÁT	ŠPENÁT
BAKLAŽÁN	ZÁZVOR
ZEMIAK	TEKVICA

37 - Scuola #2

```
H S V Z D E L Á V A N I E U
Z A L P H C E W I N E B G Č
Z K T O P Á N K Y Z L W R I
H D H Č V E D A B D K K A T
E R C Í D N H U Z K A S M E
U Y Y T P O Í S C F C C A Ľ
B N C A V Ž D K N I H Y T Y
V I T Č S N E N A E P F I K
Č Í T A N I E I C C G X K F
B A T O H C L Ž M J Z N A U
K G Y G S E M N P A P I E R
K A K A D E M I C K Ý I Z Z
A U T O B U S C E R U Z K A
B T X O V P K A L E N D Á R
```

AKADEMICKÝ	HRY
AUTOBUS	GRAMATIKA
KNIŽNICA	UČITEĽ
KALENDÁR	ČÍTANIE
PAPIER	KNIHY
POČÍTAČ	CERUZKA
SLOVNÍK	TOPÁNKY
VZDELÁVANIE	VEDA
NOŽNICE	BATOH

38 - Barbecue

```
D  P  K  H  S  G  W  E  Y  V  T  L  K  Z
O  P  X  H  O  R  Ú  C  I  E  R  B  N  Y
P  J  G  L  Ľ  I  N  X  Z  Č  I  K  X  C
V  A  H  A  R  L  O  P  L  E  O  B  E  D
Š  R  R  D  F  N  Ž  O  E  R  V  X  U  B
K  A  Y  A  Z  C  E  Z  T  A  O  G  G  D
M  U  L  S  D  E  A  V  O  P  C  K  J  W
Z  R  R  Á  P  A  E  Á  S  A  I  O  W  U
Y  I  P  A  T  I  J  N  D  P  E  T  B  E
H  U  D  B  A  Y  S  K  Y  R  J  S  U  R
Z  R  O  D  I  N  A  A  Y  I  E  E  F  H
O  M  Á  Č  K  A  S  U  B  K  D  U  Z  R
C  I  B  U  Ľ  A  J  R  X  A  L  J  P  N
O  D  X  X  I  N  H  E  G  K  O  P  H  X
```

HORÚCI	GRIL
VEČERA	ŠALÁTY
JEDLO	POZVÁNKA
CIBUĽA	HUDBA
NOŽE	PAPRIKA
LETO	KURA
HLAD	PARADAJKY
RODINA	OBED
OVOCIE	SOĽ
HRY	OMÁČKA

39 - Riempire

```
W  Z  A  C  V  Á  Z  A  O  N  J  V  F  N
O  W  T  F  Ľ  A  Š  A  P  Z  Z  R  O  Á
V  S  K  Z  Z  G  Ň  S  O  V  P  E  M  D
P  T  G  V  Á  P  T  A  D  V  R  C  A  O
R  C  V  K  B  S  R  B  N  J  E  K  Y  B
B  V  E  Ô  F  K  U  F  O  R  P  O  P  A
S  U  D  Š  P  X  B  V  S  X  R  T  A  A
K  A  R  T  Ó  N  I  E  K  F  A  X  K  F
Z  L  O  Ž  K  A  C  N  I  A  V  L  Y  Z
O  B  Á  L  K  A  A  J  G  D  K  L  X  V
T  A  Š  K  A  C  D  K  T  U  A  C  G  F
K  Y  W  P  G  L  W  Z  E  F  N  B  X  L
L  Y  A  G  W  F  I  V  F  E  G  H  J  K
M  X  B  D  X  O  I  R  N  Z  Y  O  D  O
```

SUD	NÁDOBA
TAŠKA	BOX
FĽAŠA	VEDRO
OBÁLKA	VRECKO
ZLOŽKA	TRUBICA
KARTÓN	KUFOR
PREPRAVKA	VAŇA
ZÁSUVKA	VÁZA
KÔŠ	PODNOS

40 - Insetti

```
S  V  Ä  T  O  J  Á  N  S  K  Y  V  N  B
R  P  F  K  F  B  L  C  H  A  I  Á  T  L
Š  D  A  O  X  J  O  I  S  Z  R  Ž  P  X
E  R  M  B  K  Z  Z  K  W  V  A  K  B  T
Ň  W  O  Y  D  E  T  Á  B  M  O  A  V  O
V  W  T  L  M  Z  V  D  U  F  C  Š  I  D
M  G  Ý  K  C  V  X  A  V  F  Š  Z  K  O
C  R  Ľ  A  O  Č  Z  S  R  R  V  B  Č  A
G  H  A  M  T  E  R  M  I  T  Á  O  E  M
L  A  R  V  A  L  L  I  Z  E  B  S  R  A
M  U  H  O  E  A  K  I  C  Z  O  A  V  N
V  P  Y  R  B  C  L  I  E  N  K  A  K  T
Z  M  C  O  Y  Á  A  F  C  A  T  B  C  I
M  O  R  D  P  A  K  O  M  Á  R  R  L  S
```

VOŠKA	LARVA
VČELA	VÁŽKA
SRŠEŇ	SVÄTOJÁNSKY
KOBYLKA	MANTIS
CIKÁDA	BLCHA
LIENKA	ŠVÁB
CHROBÁK	TERMIT
MOR	ČERV
MOTÝĽ	OSA
MRAVEC	KOMÁR

41 - Erboristeria

```
L  E  V  A  N  D  U  Ľ  A  E  K  R  W  F
Š  S  Z  A  T  M  B  E  U  N  U  O  Z  E
A  T  L  R  I  P  Ä  T  V  G  C  Z  I  N
F  R  O  O  I  P  G  T  W  Y  H  M  D  I
R  A  Ž  M  O  E  T  K  A  C  Á  A  T  K
A  G  K  A  D  T  B  V  N  E  R  R  Y  E
N  Ó  A  T  N  R  D  A  K  S  S  Í  M  L
O  N  T  I  J  Ž  R  L  Z  N  K  N  I  T
W  S  W  C  H  L  T  I  K  A  Y  S  A  J
E  C  N  K  V  E  T  T  Ô  K  L  S  N  B
N  C  S  Ý  B  N  E  A  P  Y  K  K  L  V
Z  Á  H  R  A  D  A  D  O  C  L  T  A  G
M  A  J  O  R  Á  N  O  R  E  G  A  N  O
A  J  I  H  V  F  H  Z  E  L  E  N  Á  F
```

CESNAK
KÔPOR
AROMATICKÝ
BAZALKA
KUCHÁRSKY
ESTRAGÓN
FENIKEL
KVET
ZÁHRADA
ZLOŽKA

LEVANDUĽA
MAJORÁN
MÄTA
OREGANO
PETRŽLEN
KVALITA
ROZMARÍN
TYMIAN
ZELENÁ
ŠAFRAN

42 - Danza

```
V  I  Z  U  Á  L  N  Y  J  M  G  P  K  C
T  U  M  E  N  I  E  M  Ó  C  I  A  U  H
R  A  D  O  S  T  N  Ý  O  I  K  R  L  O
A  E  X  P  R  E  S  Í  V  N  Y  T  T  R
D  K  N  H  R  L  K  I  S  W  H  N  Ú  E
I  V  A  U  V  O  Ú  B  V  K  Y  E  R  O
Č  S  O  D  W  I  Š  V  H  V  O  R  N  G
N  D  W  B  É  T  K  T  P  T  R  K  Y  R
Ý  M  U  A  P  M  A  C  J  Z  Y  E  E  A
U  J  I  R  K  I  I  M  I  Z  T  M  W  F
E  K  U  L  T  Ú  R  A  A  L  M  M  M  I
A  Y  X  P  O  H  Y  B  D  S  U  V  S  A
O  B  K  L  A  S  I  C  K  Ý  S  Z  D  G
M  H  K  U  X  R  Ť  A  D  P  D  U  I  R
```

AKADÉMIA	RADOSTNÝ
UMENIE	MILOSŤ
KLASICKÝ	POHYB
PARTNER	HUDBA
CHOREOGRAFIA	SKÚŠKA
TELO	RYTMUS
KULTÚRA	SKOK
KULTÚRNY	TRADIČNÝ
EMÓCIA	VIZUÁLNY
EXPRESÍVNY	

43 - Scuola #1

```
K D P Í S A Ť T Z W P O D Z
N M A T E M A T I K A E K L
I P P R I A T E L I A U R Z
Ž G I G Y T H P X V Č Č U Á
N T E T B B K W H Y Í E Č B
I P R I E Č I N K Y S B I A
C K V Í Z S P F I R L Ň T V
A Č Í T A Ť K H U H A A E A
D P E O B E D Ú D P Y J Ľ E
H K S B E S B T Š A R I K J
B I X K C E R U Z K A C B K
T N T J E G A Y V B Y B H U
K J N O D P O V E D E M L R
F T I Y A S T O L I Č K A M
```

ABECEDA	KNIHY
PRIATELIA	MATEMATIKA
UČEBŇA	CERUZKA
KNIŽNICA	ČÍSLA
PAPIER	PERÁ
PRIEČINKY	OBED
ZÁBAVA	KVÍZ
SKÚŠKY	ODPOVEDE
UČITEĽ	PÍSAŤ
ČÍTAŤ	STOLIČKA

44 - Fiori

```
Ď  H  O  L  E  V  A  N  D  U  Ľ  A  U  R
A  L  Y  R  P  I  V  O  N  K  A  U  G  U
T  Í  U  O  G  R  T  S  H  E  P  Ľ  A  Ž
E  S  E  D  M  O  K  R  Á  S  K  A  R  A
L  T  P  N  M  N  V  N  X  I  H  L  D  M
I  O  Ú  S  A  N  B  Á  G  T  M  I  É  A
N  K  P  H  K  R  I  I  N  U  T  A  N  G
A  M  A  U  M  U  C  H  B  L  C  E  I  N
O  P  V  I  N  X  Z  I  L  I  I  K  A  Ó
Y  U  A  T  H  B  P  Y  S  P  Š  Y  A  L
J  A  Z  M  Í  N  W  A  O  Á  T  T  A  I
O  R  C  H  I  D  E  A  L  N  V  I  E  A
A  S  Y  R  S  L  N  E  Č  N  I  C  A  K
C  R  P  L  U  M  E  R  I  A  N  A  H  C
```

PÚPAVA	KYTICA
GARDÉNIA	NARCIS
JAZMÍN	ORCHIDEA
ĽALIA	MAK
SLNEČNICA	PIVONKA
IBIŠTEK	LÍSTOK
LEVANDUĽA	PLUMERIA
ORGOVÁN	RUŽA
MAGNÓLIA	ĎATELINA
SEDMOKRÁSKA	TULIPÁN

45 - Ecologia

```
G V E G E T Á C I A K T U R
F L Ó R A U H K E U O P D Ô
V M O R S K Ý F K P M O R Z
D D G B A B N I N R U V Ž N
F N C X Á U X T H I N A A O
H R A S T L I N Y R I H T R
F A U N A M N U K O T A E O
M R B S L V H Y L D Y C Ľ D
O H N I K V Y Z Í Z R N N O
Č S X F T O J V M E J U Ý S
I Z R F E A U D A N O W H Ť
A P R E Ž I T I E Ý H J O E
R C X W Z D R O J E M Z R U
S U C H O S O L Z C G L Y Y
```

KLÍMA   PRIRODZENÝ
KOMUNITY   MOČIAR
RÔZNORODOSŤ   RASTLINY
FAUNA   ZDROJE
FLÓRA   SUCHO
GLOBÁLNY   PREŽITIE
HABITAT   UDRŽATEĽNÝ
MORSKÝ   DRUH
HORY   VEGETÁCIA
POVAHA

46 - Discipline Scientifiche

```
U F D N B G E O L Ó G I A S
R G L C G L K K I B G I T O
H P S Y C H O L Ó G I A N C
H I M U N O L Ó G I A M E I
A S T R O N Ó M I A W E U O
O B N X I X G J N C V C R L
U J C H É M I A I J E H O Ó
R M I N E R A L Ó G I A L G
F Y Z I O L Ó G I A C N Ó I
L I N G V I S T I K A I G A
U Z R A N A T Ó M I A K I K
W B I O L Ó G I A S F A A J
Y T E R M O D Y N A M I K A
B O T A N I K A I R B H X E
```

ANATÓMIA	IMUNOLÓGIA
ASTRONÓMIA	LINGVISTIKA
BIOLÓGIA	MECHANIKA
BOTANIKA	MINERALÓGIA
CHÉMIA	NEUROLÓGIA
EKOLÓGIA	PSYCHOLÓGIA
FYZIOLÓGIA	SOCIOLÓGIA
GEOLÓGIA	TERMODYNAMIKA

47 - Scienza

```
M  J  V  O  R  G  A  N  I  Z  M  U  S  Ú
E  J  Ý  A  Č  A  S  T  I  C  E  X  F  D
T  H  V  E  D  E  C  U  Ó  W  E  M  O  A
Ó  Y  O  J  K  G  S  K  W  M  X  D  S  J
D  P  J  C  Y  I  H  F  M  H  P  S  Í  E
A  O  O  F  A  Z  K  A  Y  R  E  G  L  C
F  T  N  V  I  I  P  K  I  Z  R  F  N  H
I  É  G  R  A  V  I  T  Á  C  I  A  E  E
T  Z  N  M  P  H  F  U  G  E  M  K  F  M
G  A  J  F  W  O  A  U  P  S  E  L  A  I
A  M  O  L  E  K  U  L  Y  O  N  Í  Y  C
M  I  N  E  R  Á  L  Y  X  T  T  M  Z  K
P  O  Z  O  R  O  V  A  N  I  E  A  D  Ý
L  A  B  O  R  A  T  Ó  R  I  U  M  T  N
```

ATÓM	HYPOTÉZA
CHEMICKÝ	LABORATÓRIUM
KLÍMA	METÓDA
ÚDAJE	MINERÁLY
EXPERIMENT	MOLEKULY
VÝVOJ	POVAHA
FAKT	ORGANIZMUS
FYZIKA	POZOROVANIE
FOSÍLNE	ČASTICE
GRAVITÁCIA	VEDEC

48 - Acqua

```
P  A  R  A  P  V  L  H  K  O  S  Ť  X  K
R  Z  D  J  A  Z  E  R  O  A  V  L  N  Y
Ú  V  U  C  A  A  S  N  E  H  N  U  Z  W
D  M  T  J  L  V  N  P  C  K  V  Á  N  T
R  A  M  V  D  L  E  X  R  L  H  M  L  Z
V  T  F  N  P  A  P  E  E  C  I  O  W  J
L  E  V  K  F  Ž  H  U  G  N  H  A  T  M
H  Y  F  V  J  O  R  I  E  K  A  A  T  O
K  O  F  B  B  V  C  H  U  R  I  K  Á  N
Ý  W  O  L  P  A  G  E  J  Z  Í  R  J  Z
B  Ľ  D  O  U  N  M  R  Á  Z  M  X  B  Ú
W  A  T  Y  K  I  V  L  G  N  Y  S  Y  N
B  D  Á  Ž  Ď  E  G  E  X  I  T  C  J  O
O  D  P  A  R  O  V  A  N  I  E  R  T  C
```

KANÁL	MONZÚN
SPRCHA	SNEH
ODPAROVANIE	OCEÁN
RIEKA	VLNY
PRÚD	DÁŽĎ
MRÁZ	VLHKOSŤ
GEJZÍR	VLHKÝ
ĽAD	HURIKÁN
ZAVLAŽOVANIE	PARA
JAZERO	

49 - Gatti

```
S W H S M P R D X A W L M K
I R R M X L R D M E V O Y O
W K A I K X K I O P V H Š Ž
Z W V E Y W B V A E H M V U
L C Ý Š F Z K O G D U W A Š
X E M N C K Y K P O Z N F I
G A X Y F H W Ý D N M A A N
P L A C H Ý V S P Á N O K A
Z V E D A V Ý O T L T O R M
K H O S O B N O S Ť J P Ý O
E M I M M K E D A T A A C A
Y T E B L Á Z N I V Ý Z H F
L A B K A C L R U F H Ú L B
Y S H G Y P L O V E C R Y Y
```

PAZÚR
LOVEC
CHVOST
ZVEDAVÝ
SMIEŠNY
SPÁNOK
PRIADZA
HRAVÝ
BLÁZNIVÝ

KOŽUŠINA
OSOBNOSŤ
MÁLO
DIVOKÝ
PLACHÝ
MYŠ
RÝCHLY
LABKA

50 - Surf

```
P  L  Á  Ž  S  X  S  N  B  Ú  G  L  N  Z
Á  O  R  O  I  Š  P  O  R  T  O  V  E  C
D  Ž  P  P  L  E  R  D  U  E  V  B  S  A
L  A  S  U  A  T  E  O  S  S  N  M  K  T
O  L  U  I  L  S  J  B  B  B  C  A  P  H
Z  Ú  L  Y  Z  Á  B  A  V  A  J  J  K  E
V  D  Z  L  I  O  R  P  O  Č  A  S  I  E
N  O  K  T  C  M  G  N  G  F  B  T  A  I
F  K  F  S  V  S  A  X  Y  O  U  E  Y  J
X  N  O  K  L  I  P  E  X  F  D  R  A  Z
O  C  E  Á  N  Š  T  Ý  L  N  P  A  N  L
Z  A  Č  I  A  T  O  Č  N  Í  K  E  V  V
B  V  R  H  Z  H  E  X  T  R  É  M  N  Y
R  Ý  C  H  L  O  S  Ť  D  M  H  Y  Z  A
```

ŠPORTOVEC	POPULÁRNY
MAJSTER	ZAČIATOČNÍK
ZÁBAVA	PENA
EXTRÉMNY	ÚTES
DAVY	PLÁŽ
SILA	SPREJ
POČASIE	ŠTÝL
OCEÁN	ŽALÚDOK
VLNA	RÝCHLOSŤ
PÁDLO	

51 - Imbarcazioni

```
N P B Ó J A I U K A J A K I
Á R P Z F T G W M O T O R P
M Í O C E Á N M K N T T I L
O L S T X H A C L Z L V R A
R I Á H H S T O Ž I A R A C
N V D A E I R R H I M I F H
Ý Z K O E R G L A N O E T E
C Z A X U Z S D P J R K S T
H N P K I I Y U Z A E A A N
O O J A C Z A O H C V K T I
F S E N X B O J S H O L T C
N Á M O R N Í K D T W G N A
Z R Z E L P B R R A E T Y Y
W H V W L F J A Z E R O K R
```

STOŽIAR	MORE
KOTVA	PRÍLIV
PLACHETNICA	NÁMORNÍK
BÓJA	MOTOR
KANOE	NÁMORNÝCH
LANO	OCEÁN
POSÁDKA	VLNY
RIEKA	TRAJEKT
KAJAK	JACHTA
JAZERO	RAFT

52 - Api

```
S  F  O  K  K  B  Ú  S  U  C  P  D  D  B
L  K  V  R  M  V  M  Ľ  M  V  E  Y  I  S
N  H  O  Á  D  H  E  Y  M  X  H  M  Y  Z
K  U  C  Ľ  J  T  D  T  J  R  T  X  C  R
O  A  I  O  Z  H  X  Z  Á  H  R  A  D  A
F  I  E  V  V  O  T  Y  H  J  Y  K  S
R  Ô  Z  N  O  R  O  D  O  S  Ť  W  R  T
M  S  S  Á  Z  V  V  G  P  J  D  T  Í  L
E  K  O  S  Y  S  T  É  M  E  N  K  D  I
P  R  O  S  P  E  Š  N  Ý  D  O  V  L  N
U  E  H  W  S  V  O  S  K  L  R  E  A  Y
F  U  Ľ  N  J  Y  V  H  A  O  O  T  I  Y
I  H  E  I  B  S  M  F  E  H  J  Y  K  D
H  A  B  I  T  A  T  R  F  T  L  G  C  J
```

KRÍDLA	DYM
ÚĽ	ZÁHRADA
PROSPEŠNÝ	HABITAT
VOSK	HMYZ
JEDLO	MED
RÔZNORODOSŤ	RASTLINY
EKOSYSTÉM	PEĽ
KVETY	KRÁĽOVNÁ
KVET	ROJ
OVOCIE	SLNKO

53 - Conservazione

```
O  X  P  E  E  V  U  S  B  A  Z  W  R  S
R  D  R  K  V  Z  D  V  U  H  Y  G  Y  Z
G  M  I  O  O  D  R  Z  D  R  A  V  I  E
A  Z  R  L  D  E  Ž  N  C  P  F  L  T  L
N  N  O  O  A  L  A  Í  X  Y  E  D  N  E
I  E  D  G  F  Á  T  Ž  R  C  K  K  E  N
C  Č  Z  I  G  V  E  I  H  K  O  L  S  Á
K  I  E  C  A  A  Ľ  Ť  Y  J  S  Í  U  W
Ý  S  N  K  U  N  N  I  V  B  Y  M  D  S
Z  T  Ý  Ý  H  I  Ý  A  X  L  S  A  Y  N
U  E  M  Y  E  E  H  A  B  I  T  A  T  S
Y  N  P  E  S  T  I  C  Í  D  É  B  W  C
O  I  Z  I  K  D  T  C  B  Z  M  E  N  Y
T  E  A  R  E  C  Y  K  L  O  V  A  Ť  S
```

VODA	PRIRODZENÝ
EKOLOGICKÝ	ORGANICKÝ
ZMENY	PESTICÍD
CYKLUS	RECYKLOVAŤ
KLÍMA	ZNÍŽIŤ
EKOSYSTÉM	ZDRAVIE
VZDELÁVANIE	UDRŽATEĽNÝ
HABITAT	ZELENÁ
ZNEČISTENIE	

54 - Strumenti Musicali

```
Y E G X B H G I T A R A C W
H A R F A O P O K R T G X B
A H S G N B D L L P Ú A E X
I U C G J O N O A M M B J I
Z S T T O J E P V A A U K H
K L A R I N E T Í N R B P A
F E M X Y M Y G R D I O E R
A A B T O N D O G O M N R M
G O U N R F H N E L B B K O
O V R H E O Ó G R Í A B U N
T J Í X I L M N J N S Y S I
D W N F A S M B L A I H I K
H I A S V C Z Z Ó L P S E A
F L A U T A M U X N M L G T
```

HARMONIKA   HOBOJ
HARFA   PERKUSIE
BANJO   KLAVÍR
GITARA   SAXOFÓN
KLARINET   TAMBURÍNA
FAGOT   BUBON
FLAUTA   TRÚBKA
GONG   TROMBÓN
MANDOLÍNA   HUSLE
MARIMBA

55 - Professioni #2

```
L  P  I  L  O  T  A  D  S  J  A  M  Z  C
I  K  L  V  Y  N  Á  L  E  Z  C  A  O  H
N  C  U  Z  B  V  J  Y  I  G  G  L  O  I
G  Z  S  Á  X  Y  T  F  N  C  G  I  L  R
V  M  T  H  W  Š  Y  I  Ž  C  J  A  Ó  U
I  F  R  R  F  E  N  L  I  E  K  R  G  R
S  L  Á  A  S  T  R  O  N  A  U  T  B  G
T  E  T  D  I  R  V  Z  I  N  P  F  I  U
A  K  O  N  H  O  W  O  E  H  T  F  O  Č
C  Á  R  Í  C  V  O  F  R  X  F  Z  L  I
H  R  H  K  E  A  Z  U  B  Á  R  C  Ó  T
Y  W  L  F  O  T  O  G  R  A  F  K  G  E
J  J  F  Y  Y  E  N  O  V  I  N  Á  R  Ľ
G  M  U  S  I  Ľ  C  W  D  E  N  M  Z  P
```

ASTRONAUT	INŽINIER
BIOLÓG	UČITEĽ
CHIRURG	VYNÁLEZCA
ZUBÁR	VYŠETROVATEĽ
FILOZOF	LINGVISTA
FOTOGRAF	LEKÁR
ZÁHRADNÍK	PILOT
NOVINÁR	MALIAR
ILUSTRÁTOR	ZOOLÓG

56 - Letteratura

```
A  D  N  T  K  H  B  R  O  E  T  F  N  F
N  J  D  A  P  Ž  Á  N  E  R  É  D  Á  D
E  D  R  G  J  O  S  V  J  O  M  V  Z  O
K  I  J  Y  Š  H  E  F  T  M  A  B  O  G
D  A  H  R  T  K  Ň  T  V  Á  T  A  R  M
O  L  O  Ý  Ý  M  Z  S  I  N  T  N  P  A
T  Ó  B  M  L  B  U  Á  S  C  X  A  O  U
A  G  C  S  J  J  Y  S  V  J  K  L  P  T
Ž  I  V  O  T  O  P  I  S  E  Z  Ý  I  O
M  E  T  A  F  O  R  A  J  P  R  Z  S  R
W  L  O  R  A  N  A  L  Ó  G  I  A  R  I
P  O  R  O  V  N  A  N  I  E  O  G  L  V
D  T  R  A  G  É  D  I  A  N  L  L  N  M
L  B  V  M  P  S  P  Z  Z  R  T  M  I  O
```

ANALÝZA	METAFORA
ANALÓGIA	NÁZOR
ANEKDOTA	BÁSEŇ
AUTOR	POETICKÝ
ŽIVOTOPIS	RÝM
ZÁVER	RYTMUS
POROVNANIE	ROMÁN
POPIS	ŠTÝL
DIALÓG	TÉMA
ŽÁNER	TRAGÉDIA

57 - Cibo #2

```
V  B  A  N  Á  N  Y  M  S  W  Y  D  Č  E
P  A  R  A  D  A  J  K  A  Y  S  F  O  K
J  J  J  H  I  U  E  G  C  Z  R  T  K  I
P  O  E  E  R  Z  T  C  W  R  G  O  O  G
Š  G  J  A  C  O  X  O  R  Y  B  Y  L  J
E  U  C  G  C  H  Z  Z  D  Ž  R  B  Á  A
N  R  H  B  J  Š  U  N  K  A  O  A  D  B
I  T  L  K  U  R  A  Y  O  S  K  K  A  L
C  Y  I  J  H  N  X  P  M  I  O  L  D  K
A  Č  E  R  E  Š  Ň  A  C  P  L  A  W  O
H  U  B  A  Z  E  L  E  R  Z  I  Ž  I  A
K  I  V  I  R  N  M  O  T  F  C  Á  A  D
G  N  X  C  S  C  K  G  F  X  A  N  F  Z
F  J  L  N  B  F  F  N  F  H  S  K  C  M
```

BANÁN	CHLIEB
BROKOLICA	RYBY
ČEREŠŇA	KURA
ČOKOLÁDA	PARADAJKA
SYR	ŠUNKA
HUBA	RYŽA
PŠENICA	ZELER
KIVI	VAJEC
JABLKO	HROZNO
BAKLAŽÁN	JOGURT

58 - Nutrizione

```
E G O K T V H K V A L I T A
X A I V R L M V I T A M Í N
T W C A Á I O M Á Č K A K E
O W Z S V A T E K U T I N Y
X D D E E C N J E D L É U S
Í I R N H O R K Ý K Z O A
N É A I I U S T B Ž O D V C
K T V E E Ť Ť X V I R R Y H
M A Ý U V P L V U E A V A
C V L X L F H T M Í N V Á R
P J A Ó L W B J T N I I Ž I
X S J E R P P K W S E E E D
S B X O B I E L K O V I N Y
C P C U M X E A Y V R B Ý C
```

HORKÝ	ŽIVÍN
CHUŤ	HMOTNOSŤ
VYVÁŽENÝ	BIELKOVINY
KALÓRIE	KVALITA
SACHARIDY	OMÁČKA
JEDLÉ	ZDRAVIE
DIÉTA	ZDRAVÝ
TRÁVENIE	KORENIE
KVASENIE	TOXÍN
TEKUTINY	VITAMÍN

59 - Matematica

```
P D R V S C R H P W R G S D
Y O I V T G N D A U O E Y E
Y M L V A R N S R U V O M S
X H P O Í N E Y A H N M E A
H A B C M Z D U L L O E T T
R F R C F E I T E Y B T R I
F Y H I G Z R A L Z E R I N
S P H W T L I N N L Ž I A N
O B V O D M J G Ý O N A K É
B C R S Ú Č E T W M Í H P N
P R I E M E R T M O K J I A
N F O B D Ĺ Ž N I K O L M Ý
R O V N I C E Z B K E M G O
N Á M E S T I E L J A H K T
```

UHLY
ARITMETIKA
DESATINNÉ
PRIEMER
DIVÍZIA
ROVNICE
ZLOMOK
GEOMETRIA
PARALELNÝ

ROVNOBEŽNÍK
OBVOD
KOLMÝ
NÁMESTIE
POLOMER
OBDĹŽNIK
SYMETRIA
SÚČET

60 - Vacanza #1

```
A  G  V  X  V  M  Ú  Z  E  U  M  Z  O  R
M  B  M  E  L  E  K  T  R  I  Č  K  A  E
S  U  B  U  J  N  T  U  R  I  S  T  A  L
M  G  J  R  I  A  U  T  O  U  G  C  X  A
E  L  H  A  J  J  Z  A  E  I  Y  U  J  X
C  O  L  N  É  M  R  E  B  A  T  O  H  Á
I  T  I  N  E  R  Á  R  R  D  C  X  C  C
V  A  E  D  B  C  X  V  E  O  X  N  N  I
O  L  T  K  V  U  D  Á  Ž  D  N  I  K  A
F  Í  A  X  U  A  Y  W  R  L  P  T  E  N
S  S  D  M  U  F  X  I  B  E  N  Í  J  N
P  T  L  M  S  E  O  H  G  T  Z  D  S  V
F  O  O  P  K  G  G  R  I  W  P  W  E  Ť
C  K  E  X  P  E  D  Í  C  I  A  B  K  S
```

LIETADLO	ODLET
ÍSŤ	RELAXÁCIA
AUTO	EXPEDÍCIA
LÍSTOK	ELEKTRIČKA
COLNÉ	TURISTA
ITINERÁR	KUFOR
JAZERO	MENA
MÚZEUM	BATOH
DÁŽDNIK	

61 - Meditazione

```
M  L  T  U  F  M  D  W  H  G  Y  X  B  P
P  V  Z  X  L  O  E  Ý  E  I  C  W  W  O
P  R  I  J  A  T  I  E  C  N  E  F  P  V
P  O  Z  O  R  N  O  S  Ť  H  U  D  B  A
M  L  Á  S  K  A  V  O  S  Ť  A  G  F  H
Y  Y  X  B  O  M  P  O  K  O  J  N  Ý  A
Š  J  S  N  W  E  O  T  I  C  H  O  I  H
L  A  Ú  E  X  N  H  C  L  N  V  S  B  E
I  S  C  M  Ľ  T  Y  Š  Ť  A  S  T  I  E
E  N  I  Ó  F  Á  B  I  U  A  M  J  S  F
N  O  T  C  V  L  L  S  M  T  D  I  L  T
K  S  D  I  H  N  L  H  D  N  V  R  E  C
Y  Ť  E  E  V  Y  I  W  G  Z  K  B  F  R
P  E  R  S  P  E  K  T  Í  V  A  X  S  X
```

PRIJATIE	MYSEĽ
POZORNOSŤ	POHYB
POKOJNÝ	HUDBA
JASNOSŤ	POVAHA
SÚCIT	MIER
EMÓCIE	MYŠLIENKY
ŠŤASTIE	PERSPEKTÍVA
LÁSKAVOSŤ	DÝCHANIE
MENTÁLNY	TICHO

62 - Estate

```
R O D I N A H T Z R D I X R
Z E D O M O V R J E D L O A
M O R E L B F C Y L L I K D
K G J O P O T Á P A N I E O
I M W S V X V B L X Z P M S
F B K A B L P C Á Á Á R P Ť
V O Ľ N Ý Č A S Ž C H I D S
N C O D I K P Y N I R A J A
T A I Á E H H V A A A T W A
X D U L F N Y H C O D E S K
R O U E O O O R U A A L Y O
D O V O L E N K A D Z I Y Y
H V I E Z D Y X T B B A S B
B A S P O M I E N K Y A K W
```

PRIATELIA	MORE
KEMP	HUDBA
DOMOV	SPOMIENKY
JEDLO	RELAXÁCIA
RODINA	SANDÁLE
ZÁHRADA	PLÁŽ
HRY	HVIEZDY
RADOSŤ	VOĽNÝ ČAS
POTÁPANIE	DOVOLENKA
KNIHY	

63 - Escursionismo

```
P S L N K O D M P B Ú T E S
O O U N A V E N Ý O V H Z C
Č N V M K O M Á R E U P V C
A X T A M Y S P I L V R I V
S R O P H I Ť A Ž K Ý Í E R
I Č R A W A T R X A Y P R C
E K I P I C B K E M P R A H
O L E Ž L X U Y X E V A T Z
Z Í N V M I L D K N O V Á I
A M T Z R Y I I L E G A M D
D A Á D I V O K Ý P C O C E
X M C N Y Y E Y P F F M D G
S B I H L E W Y J V O D A W
I C A S K S E I H O V E A N
```

VODA	ŤAŽKÝ
ZVIERATÁ	KAMENE
KEMP	PRÍPRAVA
KLÍMA	ÚTES
MAPA	DIVOKÝ
POČASIE	SLNKO
VRCH	UNAVENÝ
POVAHA	ČIŽMY
ORIENTÁCIA	SUMMIT
PARKY	KOMÁRE

64 - Professioni #1

```
L P K H U D O B N Í K M T O
E P L E V E T E R I N Á R S
K R A S T R O N Ó M B D É Y
Á Á V T A N E Č N Í K I N I
R V I V E Ľ V Y S L A N E C
N N R E E O T I B P R Š R G
I I I U D D P D T S T Z E
K K S L M I E I X Y O A S O
S C T O V E T C P C G L E L
R O A V M P L O Y H R A S Ó
L N K E T L K E R O A T T G
R F K C I R Z N C L F É R X
K L E N O T N Í K Ó U R A P
G P D B A N K Á R G O R I M
```

TRÉNER
VEĽVYSLANEC
UMELEC
ASTRONÓM
PRÁVNIK
TANEČNÍK
BANKÁR
LOVEC
KARTOGRAF
EDITOR

LEKÁRNIK
GEOLÓG
KLENOTNÍK
INŠTALATÉR
SESTRA
HUDOBNÍK
KLAVIRISTA
PSYCHOLÓG
VEDEC
VETERINÁR

65 - Antartide

```
M  I  G  R  Á  C  I  A  O  Ľ  I  S  G  V
F  L  G  L  C  W  M  D  S  W  A  P  E  E
H  N  D  Z  N  Z  I  X  T  M  L  D  O  D
N  Y  H  Á  M  I  N  E  R  Á  L  Y  G  E
S  K  A  L  N  A  T  Ý  O  P  E  G  R  C
W  N  A  I  Ľ  A  D  O  V  C  E  V  A  K
B  I  P  V  V  E  Ľ  R  Y  B  Y  Z  F  Ý
Y  K  A  W  S  E  X  P  E  D  Í  C  I  A
T  E  P  L  O  T  A  W  V  O  D  A  A  E
V  Ý  S  K  U  M  N  Í  K  W  W  Y  Y  L
O  C  H  R  A  N  A  O  B  L  A  K  Y  I
P  R  O  S  T  R  E  D  I  E  X  A  U  E
O  Z  P  X  V  P  O  L  O  S  T  R  O  V
K  O  H  Y  Y  K  O  N  T  I  N  E  N  T
```

VODA	MIGRÁCIA
PROSTREDIE	MINERÁLY
ZÁLIV	OBLAKY
VEĽRYBY	POLOSTROV
OCHRANA	VÝSKUMNÍK
KONTINENT	SKALNATÝ
GEOGRAFIA	VEDECKÝ
ĽADOVCE	EXPEDÍCIA
ĽAD	TEPLOTA
OSTROVY	

66 - Libri

```
T V Y N A L I E Z A V Ý H D
E K O N T E X T F E O H I O
L I T E R Á R N Y F D W S B
R O Z P R Á V A Č K I I T R
P B I K D H U M O R N Ý O O
R O A Z U Y T K P N U G R D
Í B É H A S P R Í B E H I R
S Y C Z L T Y O S G P C C U
L Y S B I R G M A O O A K Ž
U V N I T A T Á N U S J Ý S
Š Z T E A N D N Ý C T G X T
N S É R I A M N J O L O T V
Ý H H K Č I T A T E Ľ E R O
P T R A G I C K Ý Z P P Y B
```

AUTOR
DOBRODRUŽSTVO
ZBIERKA
KONTEXT
DUALITA
EPOS
VYNALIEZAVÝ
LITERÁRNY
ČITATEĽ
ROZPRÁVAČ

STRANA
POÉZIA
PRÍSLUŠNÝ
ROMÁN
PÍSANÝ
SÉRIA
PRÍBEH
HISTORICKÝ
TRAGICKÝ
HUMORNÝ

67 - Geografia

```
J  C  W  P  B  L  U  E  R  O  X  B  M  V
A  U  C  O  T  G  O  C  E  Á  N  L  O  R
T  D  H  L  B  W  Z  G  G  Y  F  Z  R  C
L  J  W  U  K  R  A  J  I  N  A  Á  E  H
A  R  R  D  I  T  D  B  Ó  T  W  P  P  K
S  E  H  N  D  Z  G  P  N  P  U  A  G  O
Z  W  Y  Í  P  T  P  G  Z  G  Y  D  H  N
S  V  V  K  O  S  T  R  O  V  S  V  E  T
Ú  Z  E  M  I  E  M  W  B  Z  X  Ý  R  I
I  K  X  A  O  V  I  E  V  O  H  Š  I  N
R  J  Z  P  E  E  C  L  S  M  O  K  E  E
I  B  P  A  Y  R  Y  I  L  T  R  A  K  N
Y  H  E  M  I  S  F  É  R  A  O  K  A  T
X  F  Z  B  Z  K  I  W  P  S  W  V  X  X
```

ATLAS	POLUDNÍK
MESTO	SVET
KONTINENT	VRCH
VÝŠKA	SEVER
HEMISFÉRA	OCEÁN
RIEKA	ZÁPAD
OSTROV	KRAJINA
LOGITUDE	REGIÓN
MAPA	JUH
MORE	ÚZEMIE

68 - Cibo #1

```
C  I  T  R  Ó  N  Š  K  O  R  I  C  A  C
N  E  E  W  P  R  A  H  X  O  Y  Z  E  U
M  K  S  R  C  W  L  D  M  Ä  T  A  I  K
L  R  Y  N  B  V  Á  L  M  X  W  D  X  O
I  V  K  U  A  N  T  J  A  H  O  D  A  R
E  H  M  V  Z  K  U  A  X  R  D  T  L  R
K  V  A  K  A  T  N  Č  P  U  S  I  X  O
O  T  S  K  L  P  I  M  G  Š  J  O  L  J
M  E  O  L  K  E  A  E  Z  K  M  Ä  S  O
B  Z  Ľ  R  A  S  K  Ň  M  A  M  A  D  G
F  L  P  D  T  Š  Ť  A  V  A  T  Z  X  K
C  I  B  U  Ľ  A  C  T  F  Y  Z  P  O  V
Š  P  E  N  Á  T  N  G  F  E  X  J  L  J
Z  I  F  Z  K  E  I  U  M  I  M  D  I  K
```

CESNAK	MÄTA
BAZALKA	JAČMEŇ
ŠKORICA	HRUŠKA
MÄSO	KVAKA
MRKVA	SOĽ
CIBUĽA	ŠPENÁT
JAHODA	ŠŤAVA
ŠALÁT	TUNIAK
MLIEKO	TORTA
CITRÓN	CUKOR

69 - Aeroplani

```
B A L Ó N C P O S Á D K A D
V O D Í K E R X C H Z O T O
Z H N E W S I X G W D N U B
D I V Z K T S M E R I Š R R
U S J H S U T N Z O Z T B O
C T C N H J Á J O P A R U D
H Ó B A W Ú T E S P J U L R
L R X V A C I J T A N K E U
X I P I N I E P U L O C N Ž
V A N G J T X Y P I P I C S
A T M O S F É R A V I A I T
V Y F V N E B A F O L D A V
S K C A V Ý Š K A M O F S O
V X I Ť M O T O R F T H G Z
```

VÝŠKA	ZOSTUP
VZDUCH	POSÁDKA
ATMOSFÉRA	VODÍK
PRISTÁTIE	MOTOR
DOBRODRUŽSTVO	NAVIGOVAŤ
PALIVO	BALÓN
NEBA	CESTUJÚCI
KONŠTRUKCIA	PILOT
DIZAJN	HISTÓRIA
SMER	TURBULENCIA

70 - Pirati

```
K  J  Z  L  A  T  O  U  O  J  M  X  K  W
O  A  T  N  E  V  S  C  W  Y  I  O  G  V
T  S  P  R  X  U  T  I  E  M  O  J  H  L
V  K  L  I  U  Z  R  V  P  Á  M  A  P  A
A  Y  E  P  T  M  O  M  E  Č  N  Z  P  J
D  Ň  G  O  M  Á  V  I  X  O  G  V  O  K
P  A  E  K  M  I  N  C  E  H  Y  A  S  A
Y  T  N  L  H  P  L  Á  Ž  C  X  L  Á  N
C  C  D  A  S  A  R  L  V  M  H  J  D  W
C  D  A  D  Z  P  C  S  L  K  W  K  K  X
X  K  O  M  P  A  S  C  W  R  R  R  A  I
C  H  M  T  J  G  Z  L  Ý  B  E  B  S  B
M  F  S  I  A  Á  O  O  L  B  X  N  A  N
T  C  U  C  O  J  I  Y  J  I  N  V  U  W
```

KOTVA

VLAJKA

KOMPAS

KAPITÁN

ZLÝ

JAZVA

POSÁDKA

JASKYŇA

OSTROV

LEGENDA

MAPA

MINCE

OCEÁN

ZLATO

PAPAGÁJ

RUM

MEČ

PLÁŽ

POKLAD

71 - Colori

```
F I A L O V Á C P P R P B Č
H U J A Z Ú R O V Á T U É I
N P C K R D H M L D M R Ž E
E G L H I N D I G O Ž P O R
D H W G S I V Ý T T L U V N
Ý H J J B I E L Y U T R Á Y
O W G M F Z E L E N Á O W V
R U Ž O V Á Č L S G E V A W
A Z F D Z V P E A É S Á T U
N N D R M E W D R K P E I A
Ž N V Á C C N T L V R I R O
O E A K A P E Y W A E V A O
V P K I D I D Z F M T N E F
Ý F R R E R H K G N J A Á B
```

ORANŽOVÝ	PURPUROVÁ
BÉŽOVÁ	HNEDÝ
BIELY	ČIERNY
MODRÁ	RUŽOVÁ
AZÚROVÁ	ČERVENÁ
FUCHSIE	SÉPIA
ŽLTÁ	ZELENÁ
SIVÝ	FIALOVÁ
INDIGO	

72 - Spiaggia

```
M  K  L  P  L  A  C  H  E  T  N  I  C  A
O  L  Y  Z  A  O  K  L  V  J  Z  H  X  W
R  L  C  I  G  N  Ď  E  F  N  W  W  E  Y
E  P  H  Z  Ú  K  D  V  D  I  O  Y  P  S
U  K  S  L  N  K  O  Ú  F  P  S  F  B  I
N  T  R  D  A  R  F  T  T  Z  T  N  R  L
R  C  E  M  P  A  P  E  U  K  R  E  F  M
N  T  E  R  D  B  I  S  G  K  O  W  V  L
S  A  N  D  Á  L  E  H  O  P  V  R  K  D
R  P  I  O  Ž  K  S  X  H  C  T  Z  J  W
H  F  P  K  D  D  O  V  O  L  E  N  K  A
M  M  D  M  N  Y  K  X  W  W  N  Á  J  O
U  K  S  U  I  M  O  D  R  Á  E  I  N  N
D  I  M  B  K  P  O  B  R  E  Ž  I  E  K
```

UTERÁK
LOĎ
PLACHETNICA
MODRÁ
POBREŽIE
DOK
KRAB
OSTROV
LAGÚNA

MORE
OCEÁN
DÁŽDNIK
PIESOK
SANDÁLE
ÚTES
SLNKO
DOVOLENKA

73 - Avventura

```
P  Y  B  O  N  P  N  A  Š  E  N  I  E
O  L  P  D  D  A  U  N  O  V  Ý  O  T  X
V  O  R  F  P  K  V  Č  V  L  L  N  I  K
A  G  Í  G  X  R  C  I  E  Ľ  L  A  N  U
H  O  P  V  G  Z  M  N  G  O  B  H  E  R
A  D  R  X  R  J  Y  N  C  Á  G  L  R  Z
S  T  A  T  O  Č  N  O  S  Ť  C  A  Á  I
V  V  V  Ý  Z  V  Y  S  R  K  E  I  R  A
B  M  A  U  F  B  U  Ť  Y  A  R  N  A  E
B  E  Z  P  E  Č  N  O  S  Ť  D  Á  W  U
N  E  O  B  V  Y  K  L  Ý  E  S  O  S  E
N  E  B  E  Z  P  E  Č  N  Ý  W  Z  S  A
O  B  T  I  A  Ž  N  O  S  Ť  C  N  C  Ť
H  C  P  R  I  A  T  E  L  I  A  T  S  R
```

PRIATELIA	NEOBVYKLÝ
ČINNOSŤ	ITINERÁR
KRÁSA	POVAHA
STATOČNOSŤ	NAVIGÁCIA
CIEĽ	NOVÝ
OBTIAŽNOSŤ	NEBEZPEČNÝ
NADŠENIE	PRÍPRAVA
EXKURZIA	VÝZVY
RADOSŤ	BEZPEČNOSŤ

74 - Forme

```
G K O D S B W S M P V I L R
R R B K T K T F N Y A L S G
C U D R R I J É O R L G Z V
P H Ĺ I A A F R H A E U H P
E H Ž V N T J A O M C I W C
H L N K A H Y E U Í O V Á L
Y I I A I O B H H D B G V N
P N K P I J V W O A L Y E Á
E K D V S U I N L K Ú K R M
R A R R R A W L N U K I Ú E
B K O C K A S O Í Ž M P T S
O H R A N O L B K E A A J T
L C X L I R F S K Ľ F F W I
A T R O J U H O L N Í K P E
```

RÚT   STRANA
OBLÚK   LINKA
OKRAJE   OVÁL
KRUH   PYRAMÍDA
VALEC   MNOHOUHOLNÍK
KUŽEĽ   HRANOL
KOCKA   NÁMESTIE
KRIVKA   OBDĹŽNIK
ELIPSA   SFÉRA
HYPERBOLA   TROJUHOLNÍK

75 - Oceano

```
C  X  D  M  O  G  I  I  P  L  O  F  P  V
F  M  C  M  U  H  G  Y  R  Y  B  Y  K  E
U  Ú  T  E  S  V  V  U  Í  K  Ú  E  O  Ľ
T  N  L  D  T  O  H  N  L  R  R  S  R  R
B  U  C  Ú  R  Y  Ľ  Z  I  E  K  B  Y  Y
O  V  K  Z  I  S  F  S  V  V  A  B  T  B
C  C  O  A  C  C  Z  T  L  E  S  K  N  A
L  U  R  H  E  X  H  W  F  T  Z  Z  A  P
Ž  R  A  L  O  K  U  D  E  Y  Z  M  Č  V
W  F  L  F  P  R  B  R  E  D  K  Z  K  L
Ú  H  O  R  A  A  K  I  U  L  O  Ď  A  N
Z  V  V  N  S  B  A  P  D  U  F  V  I  Y
C  H  O  B  O  T  N  I  C  A  C  Í  F  D
T  U  N  I  A  K  J  S  Y  B  F  F  N  A
```

ÚHOR	USTRICE
VEĽRYBA	RYBY
LOĎ	CHOBOTNICA
KORALOV	SOĽ
DELFÍN	ÚTES
KREVETY	HUBKA
KRAB	ŽRALOK
PRÍLIV	KORYTNAČKA
MEDÚZA	BÚRKA
VLNY	TUNIAK

76 - Famiglia

```
D D Y B D N O I P R S D M S
E E M A E D P P I Z Y J A E
D S T B T V R L Z U N M N S
K Z E I S W E W S D O A Ž T
O S T Č T A D O R N V T E R
I T A K V E O R K Z E I L A
Y R E A O O K I O O C E K Z
R Ý M D V O J Č A T Á K A O
P K A C C B R A T C E U U X
E O N V I É T X E O W C L H
Y D Ž L P Z R X X V M Z I A
D I E Ť A S P A K S B N V D
R H L A T E M A T K A R J K
B R A T R A N E C É C P V O
```

PREDOK
DETI
DIEŤA
BRATRANEC
DCÉRA
BRAT
DVOJČATÁ
DETSTVO
MATKA
MANŽEL

MATIEK
MANŽELKA
SYNOVEC
BABIČKA
DEDKO
OTEC
OTCOVSKÉ
SESTRA
TETA
STRÝKO

77 - Veicoli

```
R A F T R A J E K T M O K S
K E O A N P L L U D E B A K
R P P X L O Ď K O B T E R Ú
L A K I F N M F L O R R A T
I M K U K O E I S P O M V E
E B V E V R T U Ľ N Í K Á R
T U B L T K Y Z R E A H N E
A L Z I A A N A O U U J A D
D A D R C K A S L M T T B E
L N V A A Y K A G A O X I F
O C A U T O K L G T B F A M
Y I M O T O R E K I U F X H
X E L Y F O N C L K S S O Z
T R A K T O R E A Y D V J C
```

LIETADLO
AMBULANCIE
AUTO
AUTOBUS
LOĎ
BICYKEL
KARAVÁNA
VRTUĽNÍK
METRO
MOTOR

PNEUMATIKY
RAKETA
SKÚTER
PONORKA
TAXI
TRAJEKT
TRAKTOR
VLAK
RAFT

78 - Emozioni

```
L L V H U C H S N Z K E L B
S P O K O J N Ý V O K X U L
L L K G C M N A D Š E N Ý A
P Á Á U G B I R A D O S Ť Ž
R U S S F H N E V H B Y P E
E V C K K A N L R A S M O N
K O W J A A Z F S R A P K O
V Ľ D G I V P I T E H A O S
A N J Z N Ď O T C L H T J Ť
P E N D B A K S R I C I N F
E N N L O Č O H Ť É C E Ý I
N Ý E J O N J I M F N U D A
I O H H R Ý S T R A C H E A
E Z A S M Ú T O K D X T N U
```

LÁSKA	STRACH
BLAŽENOSŤ	HNEV
POKOJNÝ	UVOĽNENÝ
OBSAH	RELIÉF
NADŠENÝ	SYMPATIE
LÁSKAVOSŤ	SPOKOJNÝ
RADOSŤ	PREKVAPENIE
VĎAČNÝ	NEHA
NUDA	POKOJ
MIER	SMÚTOK

79 - Natura

```
Ľ  A  D  O  V  E  C  K  S  U  T  Z  O  A
K  R  Á  S  A  M  Y  M  V  H  K  B  H  R
V  D  T  I  I  P  U  L  Ä  P  O  E  J  K
I  Y  R  Ú  T  E  S  Y  T  O  N  R  T  T
T  N  O  B  L  A  K  Y  Y  K  R  Ó  Y  I
Á  A  P  R  H  O  G  G  Ň  O  F  Z  B  C
L  M  I  Z  I  F  K  R  A  J  U  I  D  K
N  I  C  H  V  D  L  E  S  N  E  A  R  Ý
Y  C  K  I  Č  I  P  I  Y  Ý  W  G  K  K
F  K  Ý  X  E  V  E  Ú  B  F  T  E  H  V
V  Ý  W  T  L  O  H  R  Š  F  Y  H  B  U
M  H  Y  A  Y  K  M  I  A  Ť  M  F  M  R
O  T  A  J  C  Ý  L  Í  S  T  I  E  T  L
S  C  R  I  E  K  A  E  W  P  Á  W  S  U
```

ZVIERATÁ	ĽADOVEC
VČELY	HORY
ARKTICKÝ	HMLA
KRÁSA	OBLAKY
PÚŠŤ	SVÄTYŇA
DYNAMICKÝ	ÚTESY
ERÓZIA	DIVOKÝ
RIEKA	POKOJNÝ
LÍSTIE	TROPICKÝ
LES	VITÁLNY

80 - Balletto

```
R V C B W K P H R P D O T K
B B W H O V O U Y Ô R R A S
J A G H O X T D T V R C N K
E E L H N R L B M A S H E I
S X X E Z M E A U B K E Č N
P D P D R Z S O S N Ú S N T
U I M R G Í K G G Ý Š T Í E
B D L A E B N Z A R K E C N
L R D Š S S V A L Y A R I Z
I S I T T B Í P R A X F T I
K U V Ý O V P V K Y U K I T
U M E L E C K Ý N B I A P A
M Z R U Č N O S Ť Y C H M X
S K L A D A T E Ľ W T G W J
```

ZRUČNOSŤ

POTLESK

UMELECKÝ

BALERÍNA

TANEČNÍCI

SKLADATEĽ

CHOREOGRAFIA

EXPRESÍVNY

GESTO

PÔVABNÝ

INTENZITA

SVALY

HUDBA

ORCHESTER

PRAX

SKÚŠKA

PUBLIKUM

RYTMUS

ŠTÝL

81 - Castelli

```
G U M C N D S G B Z N U V I
J Š F J W Y T W F D B C H U
P Ľ D P J N E W C O U Z Š J
E A J I J A N F V H B D T E
V C F N T S A U E E L X Í P
N H K H J T B Z Ž R N L T S
O T B P R I N C A P A L Á C
S I C R K A M X K O R U N A
Ť L O Í N P R I N C E Z N Á
V Ý M Š N E F E U D Á L N Y
J E U A N W N D R A K Ô Ň P
L S C Z R Y T I E R T M E W
K A T A P U L T E Y G E F H
K R Á Ľ O V S T V O R Č L W
```

BRNENIE
KATAPULT
RYTIER
KÔŇ
KORUNA
DYNASTIA
DRAK
FEUDÁLNY
PEVNOSŤ
RÍŠA

UŠĽACHTILÝ
PALÁC
STENA
PRINC
PRINCEZNÁ
KRÁĽOVSTVO
ŠTÍT
MEČ
VEŽA

82 - Campionato

```
F M A J S T R O V S T V O V
T I G L T F V S Z I T Š B C
U U N F M V Ý G Y E R P G J
P Z R A N L K Z B C É O K M
W X L N L P O T Í M N R G V
L A I M A I N M M H E T Y Y
A J P E J J S O E R R O C T
Z M R M O I E T D Y Z V U R
S T R A T É G I A I C É W V
F Y T J Z G R V I S U D C A
W L N S H O G Á L I G A L L
G V H T W J N C A C N F Y O
D T M E A K N I M S A L T S
C T U R V Í Ť A Z S T V O Ť
```

TRÉNER
MAJSTROVSTVO
MAJSTER
FINALISTA
HRY
SUDCA
LIGA
MEDAILA
MOTIVÁCIA

VÝKON
VYTRVALOSŤ
ŠPORTOVÉ
TÍM
STRATÉGIA
POT
TURNAJ
VÍŤAZSTVO

83 - Foresta Pluviale

```
P O V A H A O U X K I Z C Ú
F S B E D Ž U N G L E A I T
A E X X O R S A K Í Z C C O
G K C O M E U I W M V H A Č
H O F J O Š M H W A E O V I
P M E N R P H A F D V C S
R U Y E O E Y N C I Y A E K
E N E Z D K X N W H Z N N O
Ž I S V Ý T V T Á K Y I C B
I T P Z U O T D K H I E E L
T A E U C V X S N H X Y N A
I Y B O T A N I C K Ý V N K
E A E Z V Ť O B N O V A Ý Y
O B O J Ž I V E L N Í K Y P
```

OBOJŽIVELNÍKY   OBLAKY
BOTANICKÝ   ZACHOVANIE
KLÍMA   CENNÝ
KOMUNITA   OBNOVA
DŽUNGLE   ÚTOČISKO
DOMORODÝ   REŠPEKTOVAŤ
HMYZ   PREŽITIE
CICAVCE   DRUH
MACH   VTÁKY
POVAHA

84 - Edifici

```
S Š N E M O C N I C A D K H
T K I N O M R F O T F I A O
O O S L M H Ú S B Y T V B S
D L Z A S O D Z S C R A Í T
O A U B U T V Š E J G D N E
L S I O P E B T R U K L A L
A K F R E L W A V N M O D M
W O F A R M A D A S T A N O
F L T T M Y I I T L O E C J
X E S Ó A V H Ó Ó A V E Ž A
A I H R R Y R N R M Á U M W
N L I I K F A P I A R J Z V
S S N U E J D R U I E U U E
V L R M T N A I M B Ň T B I
```

BYT
KABÍNA
HRAD
KINO
TOVÁREŇ
FARMA
STODOLA
HOTEL
LABORATÓRIUM
MÚZEUM

NEMOCNICA
OBSERVATÓRIUM
HOSTEL
ŠKOLA
ŠTADIÓN
SUPERMARKET
DIVADLO
STAN
VEŽA

85 - Paesi #2

```
S  N  S  H  D  D  Á  N  S  K  O  X  N  X
U  G  A  N  D  A  V  K  C  G  L  D  I  U
W  S  S  H  W  E  T  I  Ó  P  I  A  G  K
I  N  D  O  N  É  Z  I  A  R  B  L  É  R
D  P  N  Z  J  J  H  X  V  U  É  B  R  A
G  R  É  C  K  O  A  L  K  S  R  Á  I  J
P  J  I  K  X  J  I  M  H  K  I  N  A  I
M  A  A  U  K  I  T  C  A  O  A  S  N  N
E  P  K  R  N  L  I  Z  I  J  C  K  E  A
X  O  U  I  L  W  I  Í  R  S  K  O  P  L
I  N  N  E  S  Ý  R  I  A  U  Y  A  Á  I
K  S  V  O  W  T  O  R  S  D  C  E  L  Y
O  K  L  A  O  S  A  X  U  Á  Z  R  F  C
X  O  J  O  H  P  G  N  R  N  V  I  E  N
```

ALBÁNSKO	LIBÉRIA
DÁNSKO	MEXIKO
ETIÓPIA	NEPÁL
JAMAJKA	NIGÉRIA
JAPONSKO	PAKISTAN
GRÉCKO	RUSKO
HAITI	SÝRIA
INDONÉZIA	SUDÁN
ÍRSKO	UKRAJINA
LAOS	UGANDA

86 - Tipi di Capelli

```
P  X  E  F  F  B  R  H  N  I  U  S  J  K
B  H  H  U  G  A  Y  B  V  U  X  T  K  U
T  D  N  M  U  F  R  I  C  D  W  R  U  Č
P  L  E  Š  A  T  Ý  E  X  L  X  I  Č  E
C  W  D  T  M  E  B  L  B  C  P  E  E  R
E  O  Ý  I  Ä  R  T  Y  P  N  B  B  R  A
Š  T  B  J  K  R  Á  T  K  Y  É  R  Y  V
V  E  S  U  K  Č  I  E  R  N  Y  O  A  Ý
E  N  D  U  Ý  H  R  U  B  Ý  E  Y  Z  B
A  K  L  Á  C  N  S  R  L  A  F  A  D  V
O  Ý  H  M  J  H  O  L  O  K  A  M  A  Z
G  S  Ý  M  X  E  Ý  P  N  Z  O  E  Y  K
P  L  E  T  E  N  É  Z  D  W  M  G  J  C
Z  D  R  A  V  Ý  R  H  L  A  D  K  Ý  W
```

STRIEBRO	DLHÝ
SUCHÝ	HNEDÝ
BIELY	MÄKKÝ
BLOND	ČIERNY
KRÁTKY	KUČERAVÝ
PLEŠATÝ	KUČERY
FAREBNÉ	ZDRAVÝ
ŠEDÁ	TENKÝ
PLETENÉ	HRUBÝ
HLADKÝ	

87 - Vestiti

```
M T N B N Á R A M O K P B P
Y W O X L L R L Ó X O T U L
F V H Z H Ú O R D L J K N Á
F D A K Á J Z G A C T A D Š
Y Ž V O D S J K K H O S A Ť
T Í I Š Š A T Y A R P A O R
M N C E Á F S E F I Á N N Z
P S E Ľ L L A V R O N D P N
P Y Ž A M Á Z J E A K Á F P
G O H R S U K Ň A T A L U T
N Á H R D E L N Í K E E Y P
R U K A V I C E J K T R K Á
V K U T K L O B Ú K D A Y S
R J M P R O F T T U K R J G
```

ŠATY
NÁRAMOK
BLÚZKA
KOŠEĽA
KLOBÚK
PLÁŠŤ
PÁS
NÁHRDELNÍK
BUNDA
SUKŇA

ZÁSTERA
RUKAVICE
DŽÍNSY
SVETER
MÓDA
NOHAVICE
PYŽAMÁ
SANDÁLE
TOPÁNKA
ŠÁL

88 - Attività e Tempo Libero

```
O B S I R E L A X A Č N Ý P
B E A U Z Y Y V A E X U B L
R J X M R D B G A U X X A Á
A Z I E D F J O K E M P S V
Z B P N B X O M L X L N K A
G A E I P Y V V G O L F E N
Z L V E F M I O A P V D T I
T N I T N O F L L N I Z B E
H P O T Á P A N I E I M A O
A S A E B G O O D O J E L B
C K O N Í Č K Y F U T B A L
W V E I T U R I S T I K A M
O N S S B O X U U V K Y Z L
Z Á H R A D N Í C T V O J J
```

UMENIE
BEJZBAL
BASKETBAL
BOXU
FUTBAL
KEMP
TURISTIKA
ZÁHRADNÍCTVO
GOLF

KONÍČKY
POTÁPANIE
PLÁVANIE
VOLEJBAL
RYBOLOV
OBRAZ
RELAXAČNÝ
SURFOVANIE
TENIS

89 - Tecnologia

```
N V P K D V Ý S K U M V Z B
S T Í S A I Z C Š U Ú I H X
K X S P P K G U T B D R P I
O V M R X V B I A B A T S P
P B O Á B Í K A T T J U Ú O
R E R V B R E M I Á E Á B Č
E Z M A Z U M N S I L L O Í
H P X K Z S R P T N E N R T
L E J B U O Z X I T H Y Y A
I Č L A D R V V K E E V M Č
A N X J V L Z K A R X O L H
D O V T O W W O A N N X O M
A S S O F T V É R E Y A M X
Č Ť G V B L O G A T J C A C
```

BLOG
PREHLIADAČ
BAJTOV
POČÍTAČ
KURZOR
ÚDAJE
DIGITÁLNY
SÚBOR
PÍSMO

INTERNET
SPRÁVA
VÝSKUM
OBRAZOVKA
BEZPEČNOSŤ
SOFTVÉR
ŠTATISTIKA
VIRTUÁLNY
VÍRUS

90 - Arte

```
K B M W N S Y M B O L O V J
T I U I R U C M H I Z B Y E
K A V Y K R E S L I Ť R T D
O S Ý Ú P R I M N Ý B Á V N
M O R K C E O P U X M Z O O
P C A E Z A C B Ô X L O R D
L H Z R O L P H R V P K I U
E A C A S I O B P A O D Ť C
X N V M O Z É Ž R S Z D Z H
N Á M I B M Z D E M C Y N Ý
É L D C N U I C D N S R S Ý
S A I K Ý S A H M A I B Y A
Z D J Ý Y R Y O E Y H E H J
R A D W L N L K T U W G D E
```

KERAMICKÝ
KOMPLEXNÉ
ZLOŽENIE
VYTVORIŤ
OBRAZY
VÝRAZ
OBRÁZOK
ÚPRIMNÝ
PÔVODNÝ

OSOBNÝ
POÉZIA
VYKRESLIŤ
SOCHA
JEDNODUCHÝ
SYMBOL
PREDMET
SURREALIZMUS
NÁLADA

91 - Meteo

```
V  Á  N  O  K  T  A  K  U  H  B  W  U  U
H  U  O  P  L  B  O  T  E  P  L  O  T  A
M  W  K  D  Í  H  Ľ  R  I  I  H  V  X  B
L  V  X  U  M  R  A  K  N  F  F  I  U  Ú
A  E  H  B  A  S  D  W  J  Á  R  E  T  R
P  A  T  M  O  S  F  É  R  A  D  T  S  K
H  O  S  U  C  H  Ý  B  P  F  Y  O  U  A
U  X  L  Y  I  R  R  D  N  R  R  R  C  T
R  L  F  Á  F  O  M  P  T  S  D  Ú  H  A
I  E  E  L  R  M  L  O  G  U  J  U  O  S
K  K  H  S  T  N  E  C  N  V  T  J  T  O
Á  S  X  P  K  Z  Y  C  C  Z  R  J  U  D
N  F  T  R  O  P  I  C  K  Ý  Ú  Y  Z  O
N  E  B  A  B  L  E  S  K  E  S  N  G  X
```

DÚHA	MRAK
SUCHÝ	POLÁRNY
ATMOSFÉRA	SUCHO
VÁNOK	TEPLOTA
NEBA	BÚRKA
KLÍMA	TORNÁDO
BLESK	TROPICKÝ
ĽAD	HROM
MONZÚN	HURIKÁN
HMLA	VIETOR

92 - Corpo Umano

```
N  Z  F  R  O  R  G  B  A  D  D  Z  Ú  L
U  B  I  K  K  L  N  F  R  M  M  H  S  A
P  C  Ž  A  L  Ú  D  O  K  T  D  A  T  K
E  A  H  N  Z  M  K  O  L  E  N  O  A  E
Z  C  J  O  K  O  T  R  V  J  Y  M  R  Ť
J  P  R  S  T  J  V  G  V  G  I  C  S  V
M  O  Z  O  G  S  Á  N  O  H  A  T  V  D
B  R  A  D  A  I  R  A  M  E  N  O  B  I
B  I  U  N  B  F  U  D  R  W  Z  K  H  T
N  K  U  A  A  V  K  K  C  Z  I  Y  R  A
V  K  H  L  A  V  A  Č  L  E  N  O  K  U
R  O  S  X  V  V  Z  H  H  X  U  J  U  K
W  Ž  L  W  F  O  D  M  B  T  W  J  N  R
M  A  S  J  F  W  I  Z  L  L  U  Y  E  K
```

ÚSTA	RUKA
ČLENOK	BRADA
MOZOG	NOS
KRK	OKO
SRDCE	UCHO
PRST	KOŽA
TVÁR	KRV
NOHA	RAMENO
KOLENO	ŽALÚDOK
LAKEŤ	HLAVA

93 - Mammiferi

```
E  R  V  O  V  C  E  M  P  L  V  M  B  K
T  V  C  L  W  G  G  J  E  L  E  Ň  Ý  B
K  O  M  E  W  F  V  W  S  D  Y  S  K  X
O  L  Í  Š  K  A  W  E  N  Y  V  A  H  Y
J  D  O  Ž  I  R  A  F  A  K  E  E  L  T
O  W  E  K  C  C  G  D  U  R  Ľ  G  Ď  H
T  L  W  L  A  S  L  O  N  Á  R  O  E  J
L  E  D  H  F  N  V  L  K  L  Y  R  F  M
K  Ô  Ň  Z  C  Í  Y  Z  I  I  B  I  E  A
L  E  V  J  T  T  N  H  N  K  A  L  O  Č
X  M  J  F  B  T  Z  E  B  R  A  A  X  K
O  B  A  T  K  E  E  W  P  O  P  I  C  A
R  C  U  C  L  Z  Z  K  I  Z  T  D  H  N
L  O  D  Y  C  D  L  W  F  U  U  Y  M  R
```

VEĽRYBA	ŽIRAFA
PES	GORILA
KLOKAN	LEV
KÔŇ	VLK
JELEŇ	MEDVEĎ
KRÁLIK	OVCE
KOJOT	OPICA
DELFÍN	BÝK
SLON	LÍŠKA
MAČKA	ZEBRA

94 - Arrampicata

```
O Z T Z K X I B S P M K A O
W D H A V E K X I R Z R T T
S H B Y D S T H L I Y P M U
C I T O T T T M A L A Č O R
I Z L D R O Z A Z B S I S I
T T H L U N M P B A G Ž F S
R M U S K B Í A E I U M É T
É Z J N A S Z K J M L Y R I
N C A Z V O E D A V Y I A K
I V M A I G J T S F I V T A
N Ú Ý I C K F R K K U P C A
G Z R Z E L E F Y Z I C K Ý
Z K D Y V W Y Z Ň T E R É N
T Y B R W Y I E A X U Z V F
```

ATMOSFÉRA   RUKAVICE
PRILBA   MAPA
TURISTIKA   VÝZVY
ODBORNÍK   STABILITA
FYZICKÝ   ČIŽMY
TRÉNING   ÚZKY
SILA   TERÉN
JASKYŇA

95 - Animali Domestici

```
K O Z A C V X P H U R B H N
O K L J N P E S M M K J M T
R O M O J A Š T E R I C A Y
Y W J P E P E E E O H X Č M
T H G J D A J Y V R N G K S
N V O F L G M Y Š C I F A T
A O L B O Á A N K T H N L L
Č D I A C J Č U R W E M Á G
K A E Y X W I C E A B Ň P R
A R R O C W A O Č X D I A M
Z H Á O X R T M O U M O Z A
D V U L A B K Y K J D K Ú K
R Y B Y I M O K R A V A R L
G M V V B K C H V O S T Y Y
```

VODA
PAZÚR
PES
KOZA
JEDLO
CHVOST
GOLIER
KRÁLIK
ŠKREČOK
ŠTEŇA

MAČIATKO
MAČKA
JAŠTERICA
KRAVA
PAPAGÁJ
RYBY
KORYTNAČKA
MYŠ
VETERINÁR
LABKY

96 - Cucina

```
M  J  V  I  X  X  D  L  Z  M  N  M  O  X
O  M  I  S  K  A  Ž  Y  Á  J  A  R  B  D
V  X  D  K  J  J  B  Ž  S  N  B  A  Z  F
T  O  L  O  A  R  Á  I  T  O  E  Z  L  X
V  G  I  Y  B  N  N  C  E  Ž  R  N  F  P
R  R  Č  T  R  R  V  E  R  E  A  I  Z  D
F  I  K  Z  Y  Ú  Ú  I  A  A  Č  Č  A  A
X  L  Y  K  W  R  N  S  C  G  K  K  G  C
G  H  U  B  K  A  D  J  O  A  A  A  L  G
T  U  A  T  P  A  L  I  Č  K  Y  B  B  P
J  E  D  L  O  K  O  R  E  N  I  E  K  T
N  V  X  C  H  L  A  D  N  I  Č  K  A  V
B  L  J  F  Á  X  A  L  T  P  X  P  O  M
Y  N  S  H  R  E  C  E  P  T  S  C  G  B
```

PALIČKY	CHLADNIČKA
KANVICA	ZÁSTERA
DŽBÁN	GRIL
JEDLO	NABERAČKA
MISKA	RECEPT
NOŽE	KORENIE
MRAZNIČKA	HUBKA
LYŽICE	POHÁR
VIDLIČKY	OBRÚSOK
RÚRA	JAR

97 - Vacanze #2

```
V L C P A S K P P T E F K R
O E K I C U D Z I N E C E E
Ľ T I M E I V C Z T X E M Š
N I I A Z Ľ E R P P Y S P T
Ý S T P V Í Z A R L L T X A
Č K S A E R I P E W Á X O U
A O V A I A H M P P X Ž O R
S D B F O T O G R A F I E Á
F H O S T S T M A D A A M C
C E S T A H E O V L A K X I
W I T A A F L R A G W P Z A
W H R N I X P E Y U A R F W
P W O I R T I L G B J C I T
X V V D O V O L E N K A I R
```

LETISKO
KEMP
CIEĽ
FOTOGRAFIE
HOTEL
OSTROV
MAPA
MORE
PAS
REŠTAURÁCIA

PLÁŽ
CUDZINEC
TAXI
VOĽNÝ ČAS
STAN
PREPRAVA
VLAK
DOVOLENKA
CESTA
VÍZA

98 - Attività

```
R E L A X Á C I A Z V T Č I
K E R A M I K A I Á O U Í B
K E M P Z D I C R H Ľ R T J
K G J L H R Y D E R N I A V
Z Č I N N O S Ť M A Ý S N T
B R Z Á U J M Y E D Č T I A
I K U M E N I E S N A I E N
P S G Č I T N R L Í S K U E
H Á D A N K Y B Á C L A M C
W I H Y U O A H I T G O R Š
E B H P C B S E S V W J V I
R Y B O L O V Ť U O N Y P T
P O T E Š E N I E H W O H I
Y W E X K K Ú Z L O D C J E
```

ZRUČNOSŤ	ZÁHRADNÍCTVO
UMENIE	HRY
REMESLÁ	ZÁUJMY
ČINNOSŤ	ČÍTANIE
LOV	KÚZLO
KEMP	RYBOLOV
KERAMIKA	POTEŠENIE
ŠITIE	HÁDANKY
TANEC	RELAXÁCIA
TURISTIKA	VOĽNÝ ČAS

99 - Forniture Artistiche

```
S  P  H  D  T  U  H  L  I  E  M  P  F  Y
T  H  N  N  A  Y  G  E  X  X  E  P  X  F
O  L  E  J  B  G  H  P  A  P  I  E  R  O
J  O  G  L  U  S  N  I  T  A  R  T  Z  T
A  C  F  I  Ľ  T  C  D  R  S  H  V  L  O
N  K  A  V  K  O  O  L  A  T  V  O  D  A
H  E  R  Z  A  L  T  O  M  E  W  R  F  P
P  F  B  Y  D  I  V  V  E  L  A  I  D  A
W  Y  Y  G  L  Č  D  Y  N  Y  I  V  A  R
C  E  R  U  Z  K  Y  I  T  L  M  O  Z  Á
I  P  O  M  G  A  V  L  B  U  F  S  I  T
A  K  V  A  R  E  L  Y  W  V  L  Ť  T  E
E  C  E  T  H  H  L  I  N  A  S  N  T  Y
H  N  B  S  C  N  Á  P  A  D  Y  V  C  M
```

VODA	GUMA
AKVARELY	NÁPADY
AKRYL	ATRAMENT
HLINA	CERUZKY
UHLIE	OLEJ
PAPIER	PASTELY
STOJAN	STOLIČKA
LEPIDLO	KEFY
FARBY	TABUĽKA
TVORIVOSŤ	FOTOAPARÁT

100 - Misurazioni

```
H  M  Š  S  T  U  P  E  Ň  R  G  H  A  D
J  U  Í  X  T  N  H  C  X  S  V  M  M  E
L  M  R  F  U  C  P  T  T  W  Ý  O  Z  S
K  B  K  K  M  A  W  A  D  M  Š  T  A  A
I  J  A  G  M  E  R  C  L  O  K  N  T  T
L  C  W  J  D  Ĺ  Ž  K  A  E  A  O  O  I
O  F  X  R  T  X  D  I  Z  N  C  S  N  N
G  N  F  S  O  Y  E  L  K  L  A  Ť  F  N
R  O  W  O  N  G  H  O  L  I  T  E  R  É
A  Y  C  E  N  T  I  M  E  T  E  R  L  O
M  M  I  N  Ú  T  A  E  E  H  Ĺ  B  K  A
Y  L  M  V  H  S  X  T  M  T  I  J  O  C
M  P  O  L  L  I  T  E  R  W  E  O  E  O
B  K  F  B  D  J  G  R  A  M  F  R  T  A
```

VÝŠKA	DĹŽKA
BAJT	METER
CENTIMETER	MINÚTA
KILOGRAM	UNCA
KILOMETER	HMOTNOSŤ
DESATINNÉ	POLLITER
STUPEŇ	PALEC
GRAM	HĹBKA
ŠÍRKA	TON
LITER	

1 - Scacchi

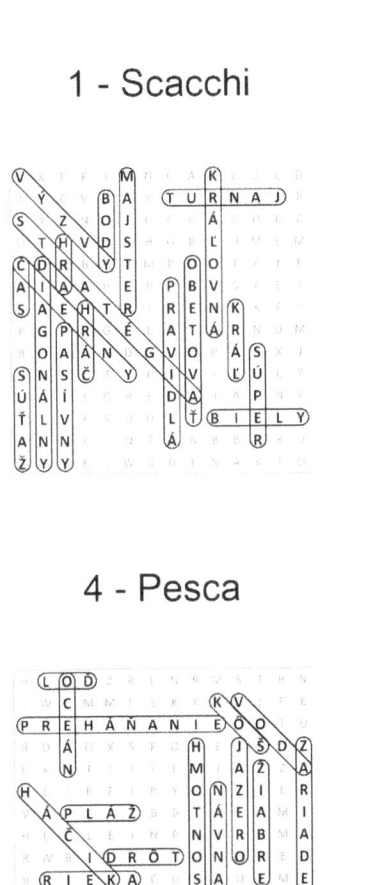

2 - Aggettivi #2

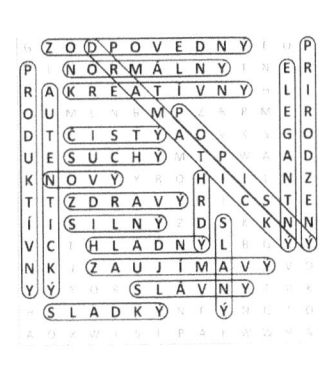

3 - Mobili

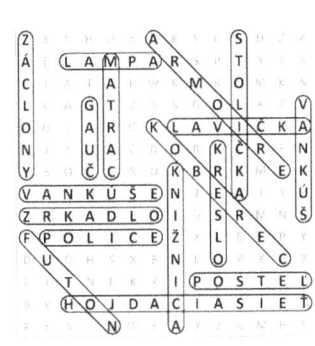

4 - Pesca

5 - Aggettivi #1

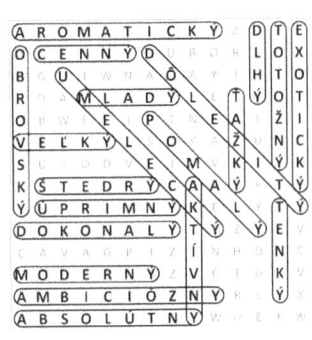

6 - Geologia

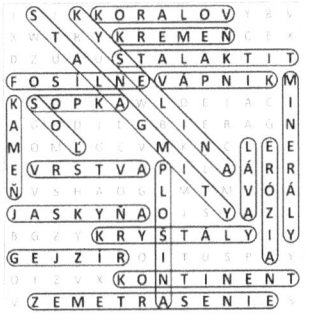

7 - Campeggio

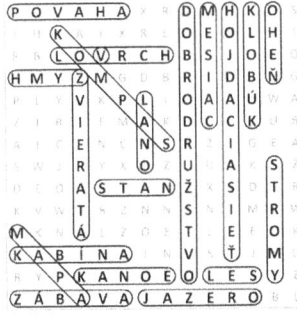

8 - Arti Visive

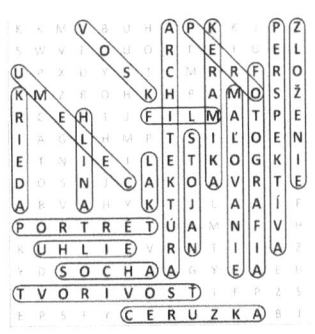

9 - Tempo

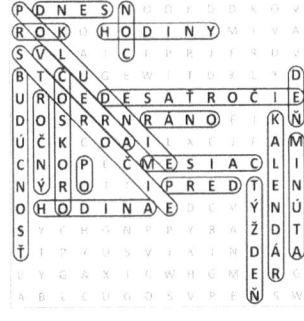

10 - Astronomia

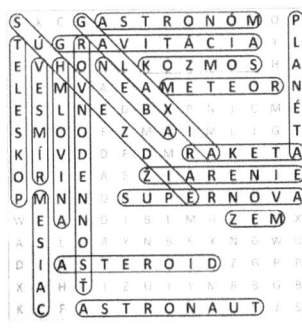

11 - Circo

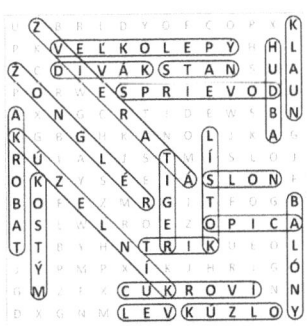

12 - Mitologia

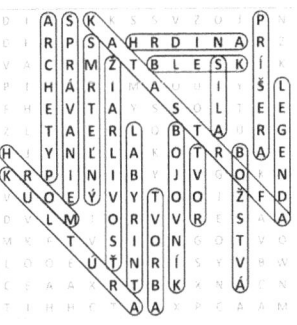

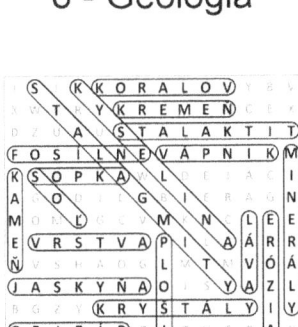

13 - Piante

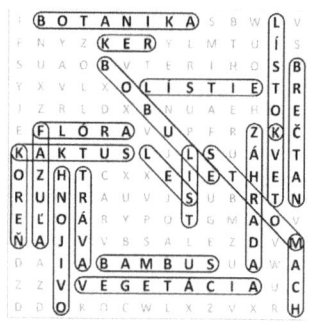

14 - Spezie

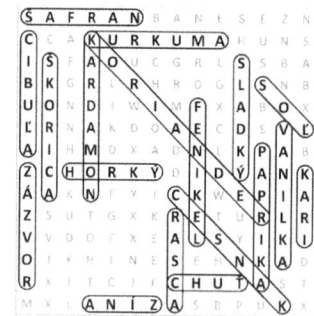

15 - Numeri

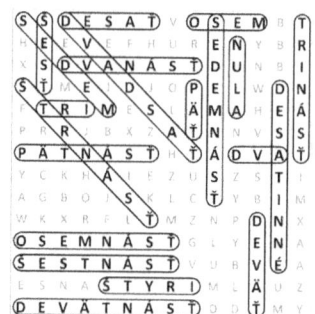

16 - Cioccolato

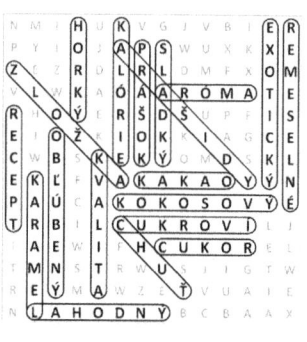

17 - Guida

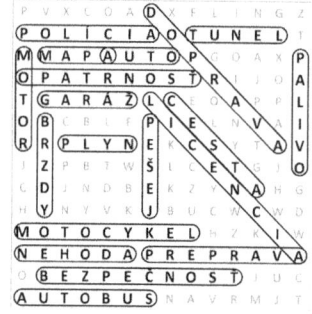

18 - Sport

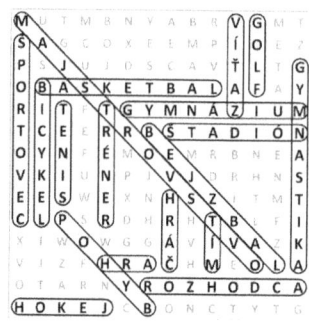

19 - Giocattoli

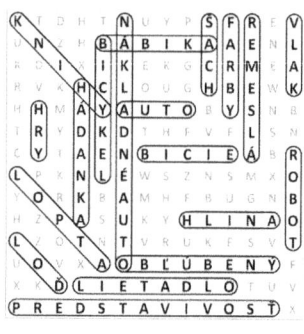

20 - Strumenti di Cottura

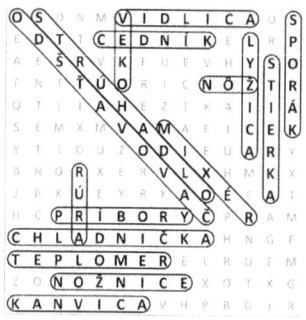

21 - Uccelli

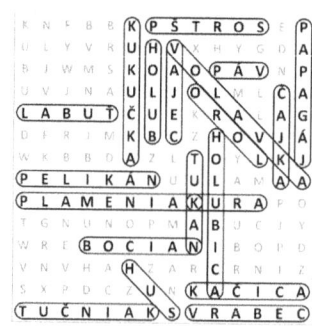

22 - Giorni e Mesi

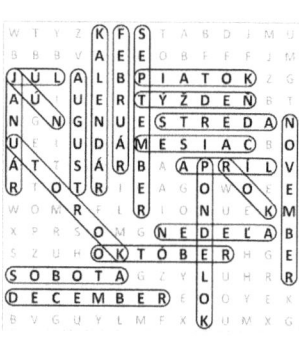

23 - Casa

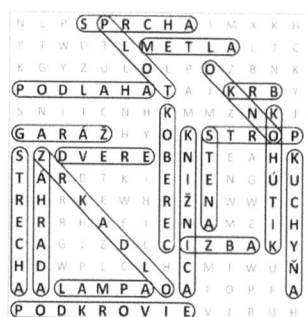

24 - Ristorante #1

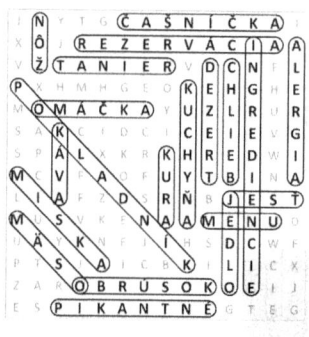

25 - Fantascienza

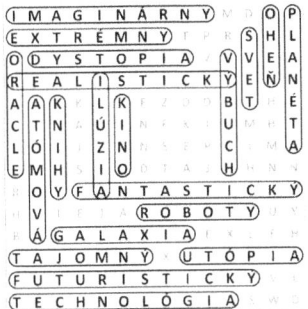

26 - Città

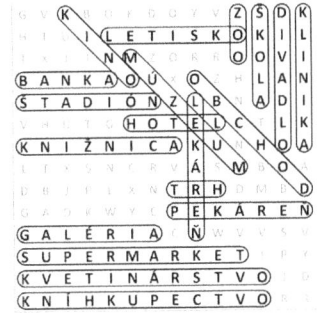

27 - Virtù #1

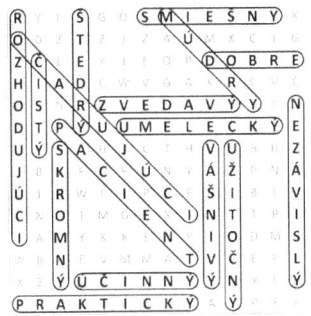

28 - Compleanno

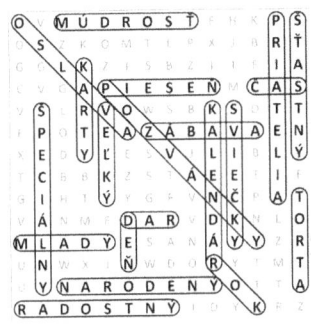

29 - Fattoria #1

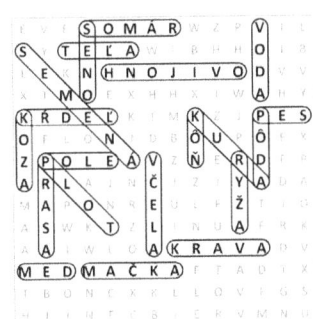

30 - Paesaggi

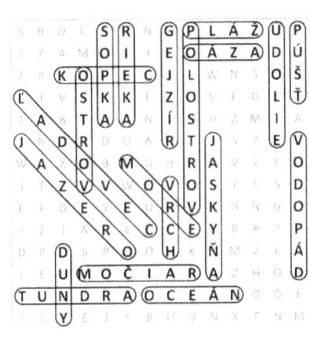

31 - Ristorante #2

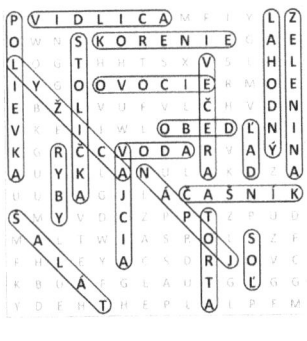

32 - Giardino

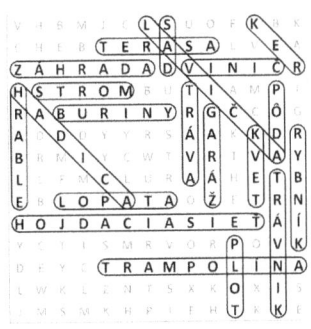

33 - Frutta

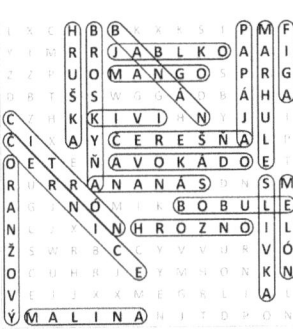

34 - Fattoria #2

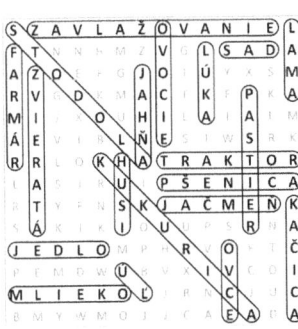

35 - Dinosauri

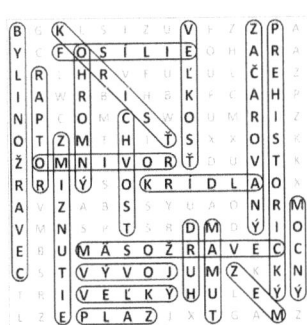

36 - Verdure

37 - Scuola #2

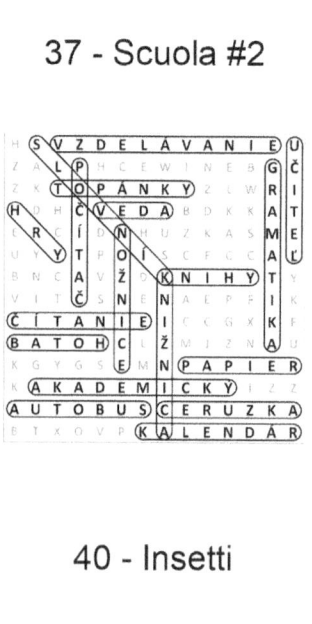

38 - Barbecue

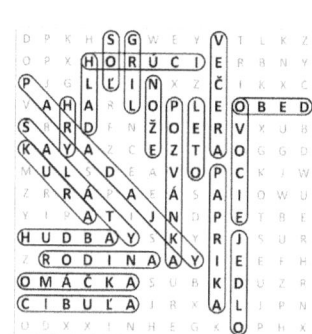

39 - Riempire

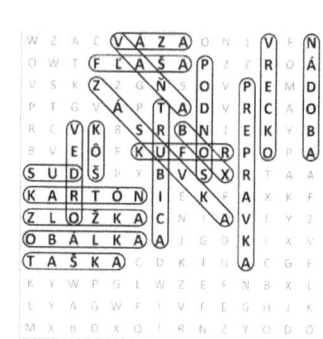

40 - Insetti

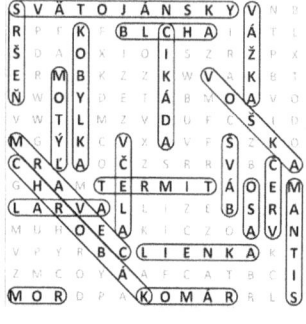

41 - Erboristeria

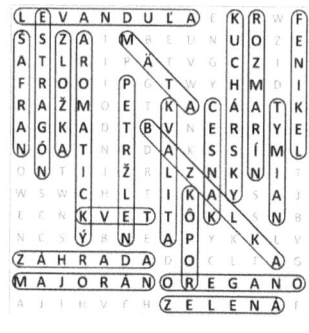

42 - Danza

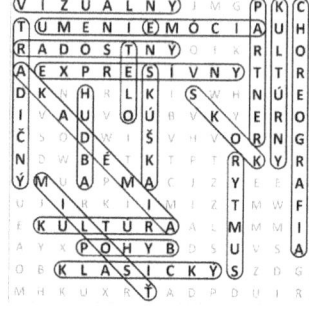

43 - Scuola #1

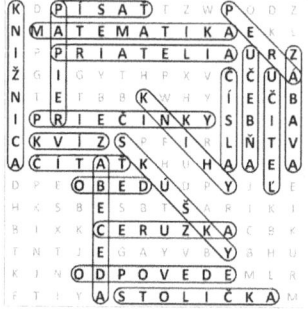

44 - Fiori

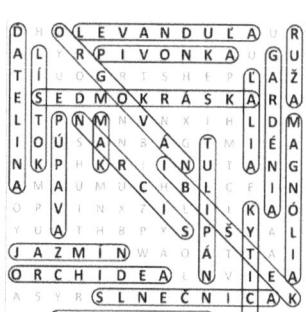

45 - Ecologia

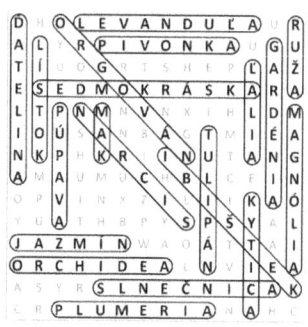

46 - Discipline Scientifiche

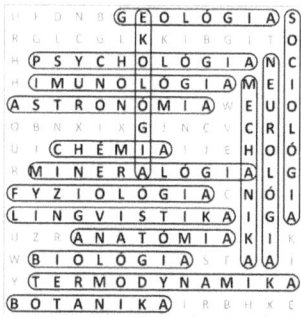

47 - Scienza

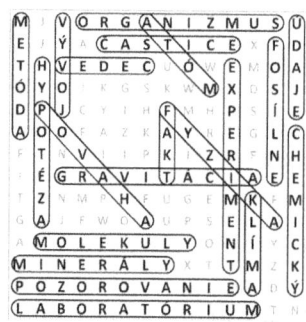

48 - Acqua

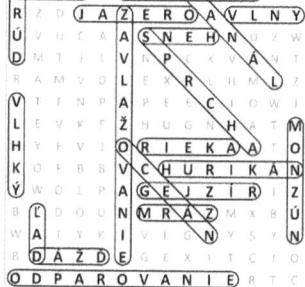

49 - Gatti

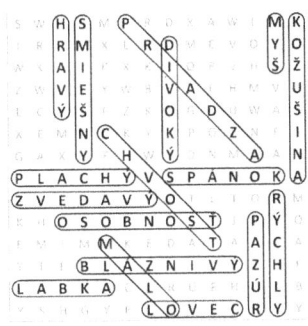

50 - Surf

51 - Imbarcazioni

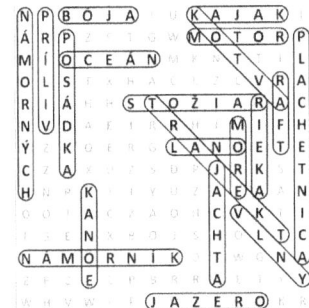

52 - Api

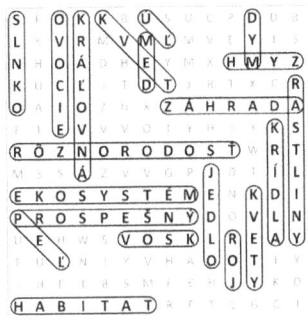

53 - Conservazione

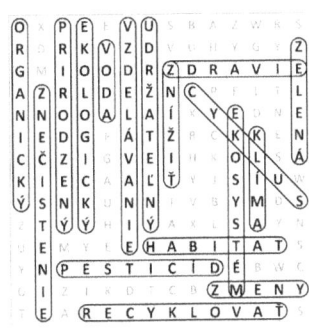

54 - Strumenti Musicali

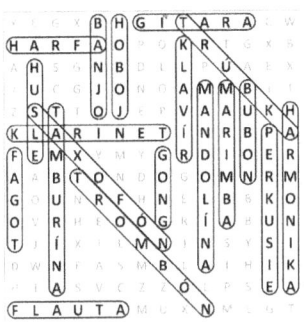

55 - Professioni #2

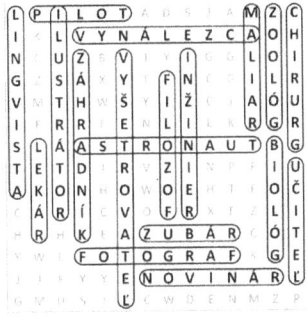

56 - Letteratura

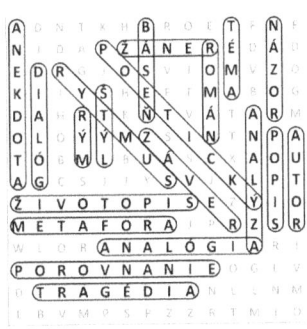

57 - Cibo #2

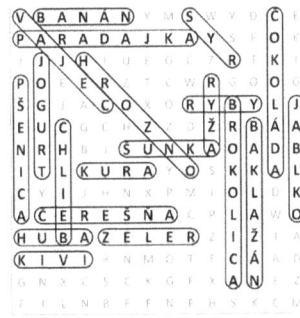

58 - Nutrizione

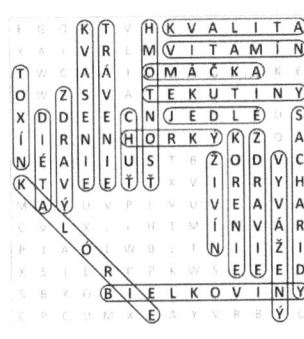

59 - Matematica

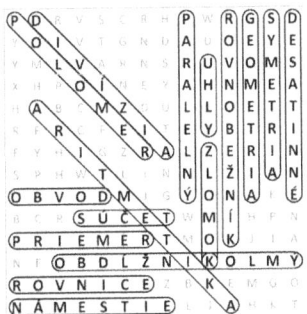

60 - Vacanza #1

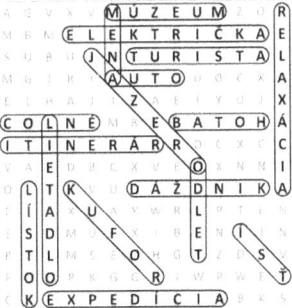

61 - Meditazione

62 - Estate

63 - Escursionismo

64 - Professioni #1

65 - Antartide

66 - Libri

67 - Geografia

68 - Cibo #1

69 - Aeroplani

70 - Pirati

71 - Colori

72 - Spiaggia

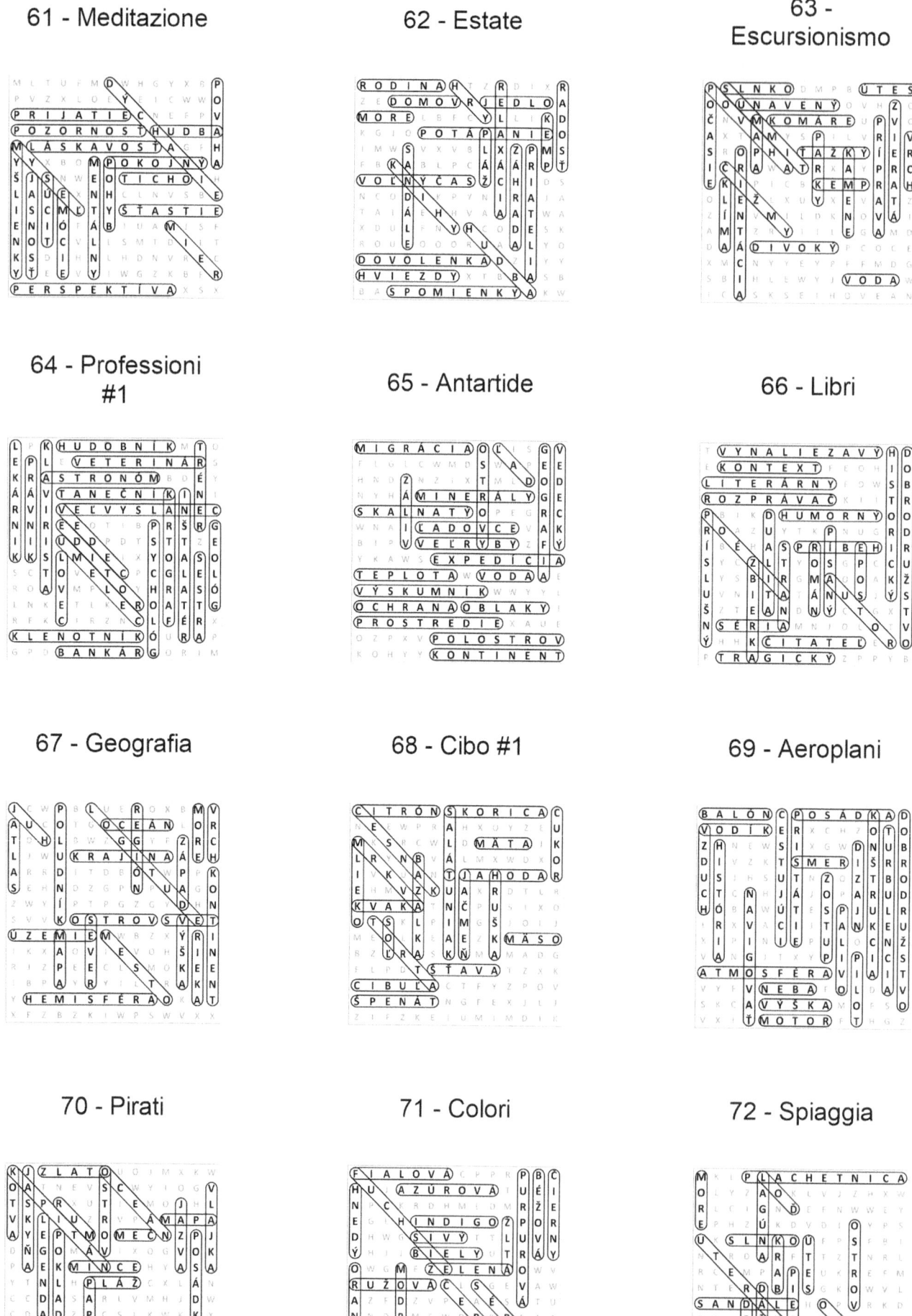

73 - Avventura

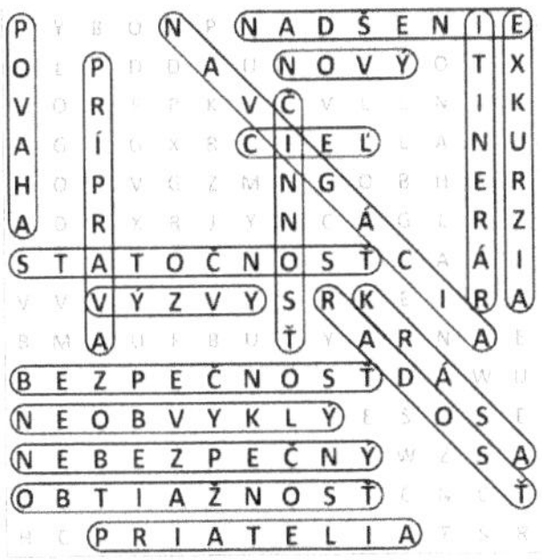

74 - Forme

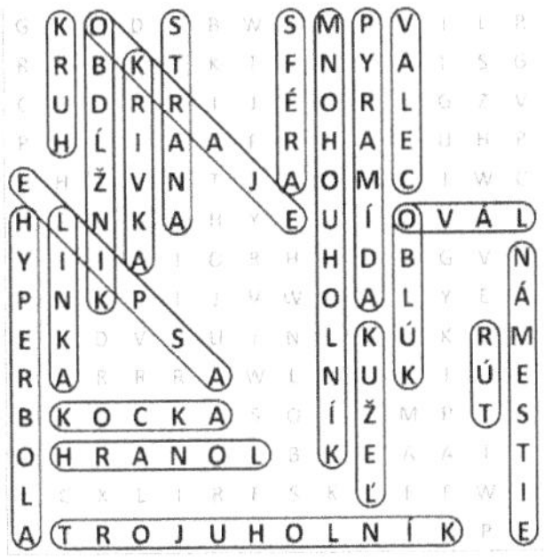

75 - Oceano

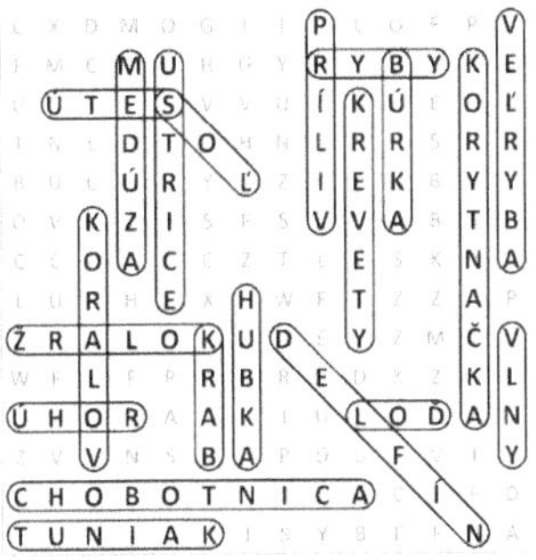

76 - Famiglia

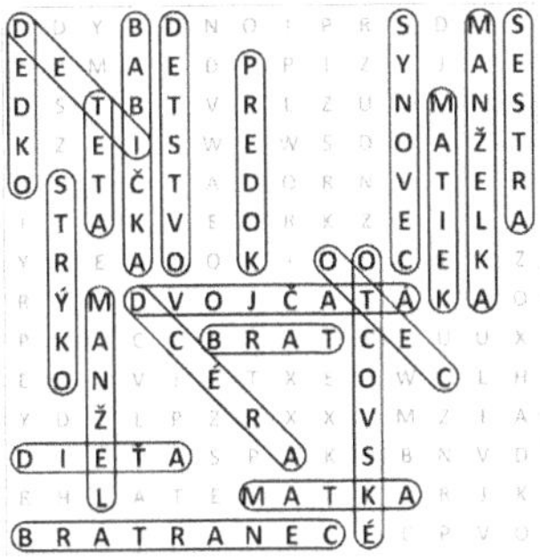

77 - Veicoli

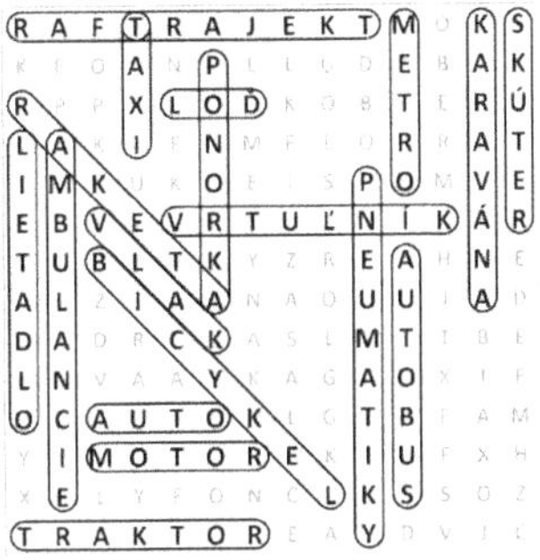

78 - Emozioni

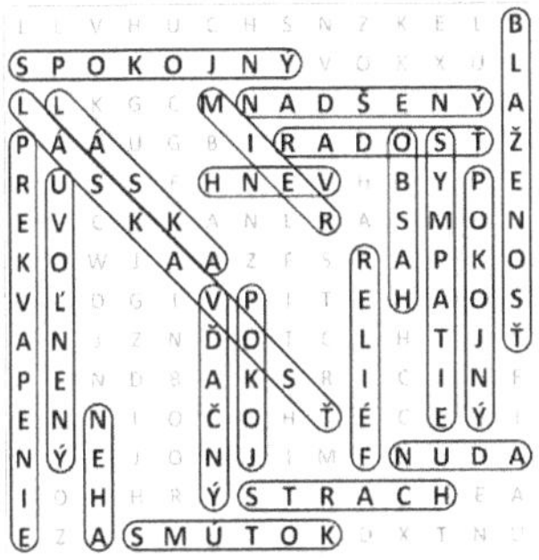

79 - Natura

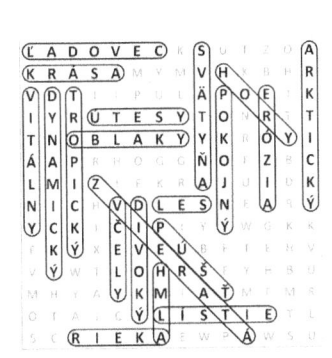

80 - Balletto

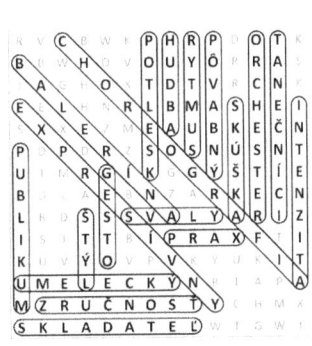

81 - Castelli

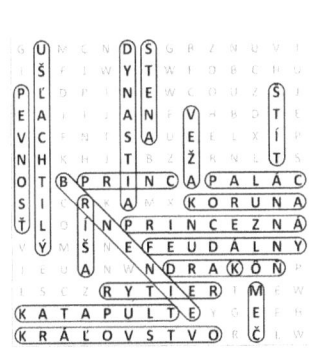

82 - Campionato

83 - Foresta Pluviale

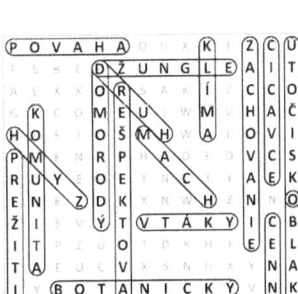

84 - Edifici

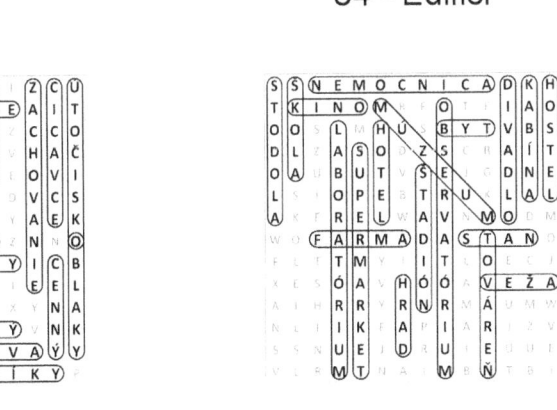

85 - Paesi #2

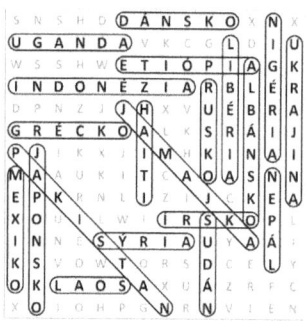

86 - Tipi di Capelli

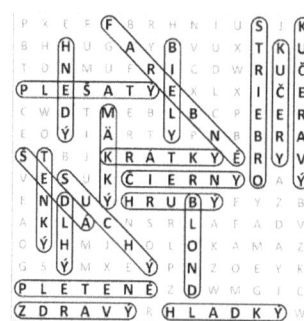

87 - Vestiti

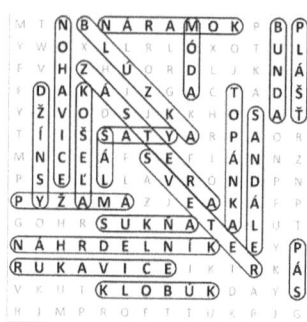

88 - Attività e Tempo Libero

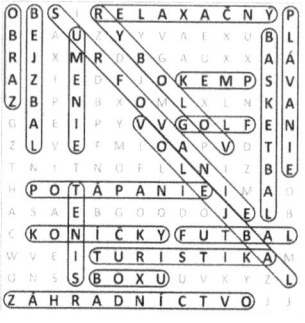

89 - Tecnologia

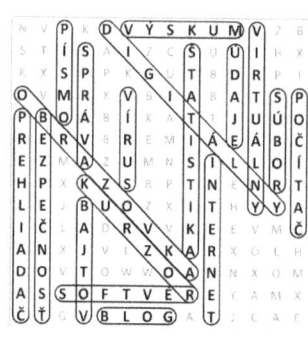

90 - Arte

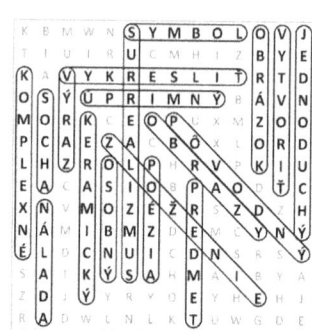

91 - Meteo

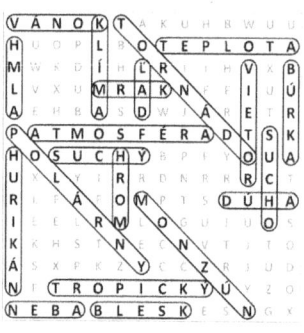

92 - Corpo Umano

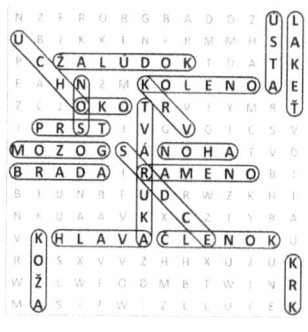

93 - Mammiferi

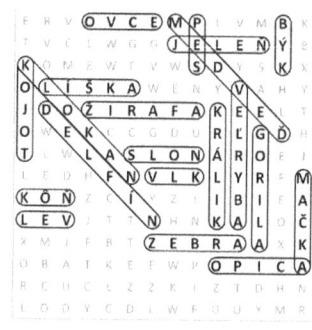

94 - Arrampicata

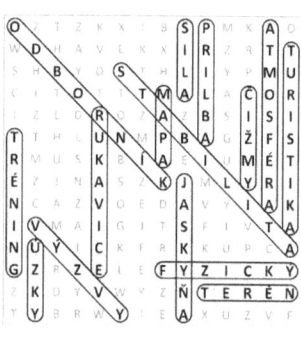

95 - Animali Domestici

96 - Cucina

97 - Vacanze #2

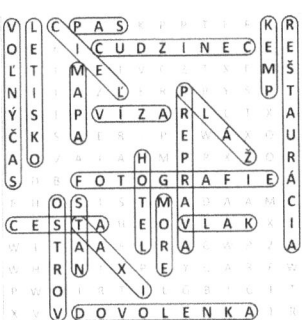

98 - Attività

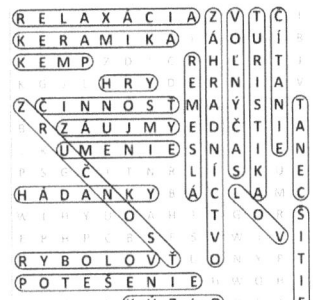

99 - Forniture Artistiche

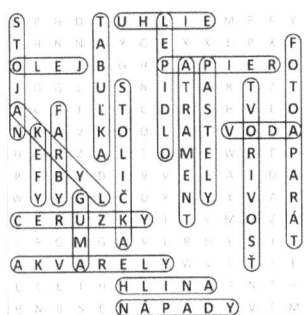

100 - Misurazioni

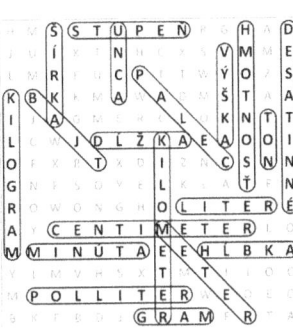

Dizionario

Acqua
Voda

Canale	Kanál
Doccia	Sprcha
Evaporazione	Odparovanie
Fiume	Rieka
Flusso	Prúd
Gelo	Mráz
Geyser	Gejzír
Ghiaccio	Ľad
Irrigazione	Zavlažovanie
Lago	Jazero
Monsone	Monzún
Neve	Sneh
Oceano	Oceán
Onde	Vlny
Pioggia	Dážď
Umidità	Vlhkosť
Umido	Vlhký
Uragano	Hurikán
Vapore	Para

Aeroplani
Lietadlá

Altezza	Výška
Aria	Vzduch
Atmosfera	Atmosféra
Atterraggio	Pristátie
Avventura	Dobrodružstvo
Carburante	Palivo
Cielo	Neba
Costruzione	Konštrukcia
Design	Dizajn
Direzione	Smer
Discesa	Zostup
Equipaggio	Posádka
Idrogeno	Vodík
Motore	Motor
Navigare	Navigovať
Palloncino	Balón
Passeggero	Cestujúci
Pilota	Pilot
Storia	História
Turbolenza	Turbulencia

Aggettivi #1
Prídavné Mená #1

Ambizioso	Ambiciózny
Aromatico	Aromatický
Artistico	Umelecký
Assoluto	Absolútny
Attivo	Aktívny
Enorme	Obrovský
Esotico	Exotický
Generoso	Štedrý
Giovane	Mladý
Grande	Veľký
Identico	Totožný
Importante	Dôležitý
Lento	Pomalý
Lungo	Dlhý
Moderno	Moderný
Onesto	Úprimný
Perfetto	Dokonalý
Pesante	Ťažký
Prezioso	Cenný
Sottile	Tenký

Aggettivi #2
Prídavné Mená #2

Affamato	Hladný
Asciutto	Suchý
Autentico	Autentický
Creativo	Kreatívny
Descrittivo	Popisný
Dolce	Sladký
Drammatico	Dramatický
Elegante	Elegantný
Famoso	Slávny
Forte	Silný
Interessante	Zaujímavý
Naturale	Prirodzený
Normale	Normálny
Nuovo	Nový
Orgoglioso	Hrdý
Produttivo	Produktívny
Puro	Čistý
Responsabile	Zodpovedný
Salato	Slaný
Sano	Zdravý

Animali Domestici
Domáce Zvieratá

Acqua	Voda
Artigli	Pazúr
Cane	Pes
Capra	Koza
Cibo	Jedlo
Coda	Chvost
Collare	Golier
Coniglio	Králik
Criceto	Škrečok
Cucciolo	Šteňa
Gattino	Mačiatko
Gatto	Mačka
Lucertola	Jašterica
Mucca	Krava
Pappagallo	Papagáj
Pesce	Ryby
Tartaruga	Korytnačka
Topo	Myš
Veterinario	Veterinár
Zampe	Labky

Antartide
Antarktída

Acqua	Voda
Ambiente	Prostredie
Baia	Záliv
Balene	Veľryby
Conservazione	Ochrana
Continente	Kontinent
Geografia	Geografia
Ghiacciai	Ľadovce
Ghiaccio	Ľad
Isole	Ostrovy
Migrazione	Migrácia
Minerali	Minerály
Nuvole	Oblaky
Penisola	Polostrov
Ricercatore	Výskumník
Roccioso	Skalnatý
Scientifico	Vedecký
Spedizione	Expedícia
Temperatura	Teplota
Topografia	Topografia

Api
Včely

Ali	Krídla
Alveare	Úľ
Benefico	Prospešný
Cera	Vosk
Cibo	Jedlo
Diversità	Rôznorodosť
Ecosistema	Ekosystém
Fiori	Kvety
Fiorire	Kvet
Frutta	Ovocie
Fumo	Dym
Giardino	Záhrada
Habitat	Habitat
Insetto	Hmyz
Miele	Med
Piante	Rastliny
Polline	Peľ
Regina	Kráľovná
Sciame	Roj
Sole	Slnko

Arrampicata
Horolezectvo

Atmosfera	Atmosféra
Casco	Prilba
Curiosità	Zvedavosť
Escursioni	Turistika
Esperto	Odborník
Fisico	Fyzický
Formazione	Tréning
Forza	Sila
Grotta	Jaskyňa
Guanti	Rukavice
Lesione	Zranenie
Mappa	Mapa
Sfide	Výzvy
Stabilità	Stabilita
Stivali	Čižmy
Stretto	Úzky
Terreno	Terén

Arte
Umenie

Ceramica	Keramický
Complesso	Komplexné
Composizione	Zloženie
Creare	Vytvoriť
Dipinti	Obrazy
Espressione	Výraz
Figura	Obrázok
Ispirato	Inšpirovaný
Onesto	Úprimný
Originale	Pôvodný
Personale	Osobný
Poesia	Poézia
Ritrarre	Vykresliť
Scultura	Socha
Semplice	Jednoduchý
Simbolo	Symbol
Soggetto	Predmet
Surrealismo	Surrealizmus
Umore	Nálada
Visivo	Vizuálny

Arti Visive
Vizuálne Umenie

Architettura	Architektúra
Argilla	Hlina
Artista	Umelec
Carbone	Uhlie
Cavalletto	Stojan
Cera	Vosk
Ceramica	Keramika
Composizione	Zloženie
Creatività	Tvorivosť
Film	Film
Fotografia	Fotografia
Gesso	Krieda
Matita	Ceruzka
Penna	Pero
Pittura	Maľovanie
Prospettiva	Perspektíva
Ritratto	Portrét
Scultura	Socha
Vernice	Lak

Astronomia
Astronómia

Asteroide	Asteroid
Astronauta	Astronaut
Astronomo	Astronóm
Cielo	Neba
Cosmo	Kozmos
Costellazione	Súhvezdie
Equinozio	Rovnodennosť
Galassia	Galaxia
Gravità	Gravitácia
Luna	Mesiac
Meteora	Meteor
Nebulosa	Hmlovina
Osservatorio	Observatórium
Pianeta	Planéta
Radiazione	Žiarenie
Razzo	Raketa
Supernova	Supernova
Telescopio	Teleskop
Terra	Zem
Universo	Vesmír

Attività
Činnosti

Abilità	Zručnosť
Arte	Umenie
Artigianato	Remeslá
Attività	Činnosť
Caccia	Lov
Campeggio	Kemp
Ceramica	Keramika
Cucire	Šitie
Danza	Tanec
Escursioni	Turistika
Giardinaggio	Záhradníctvo
Giochi	Hry
Interessi	Záujmy
Lettura	Čítanie
Magia	Kúzlo
Pesca	Rybolov
Piacere	Potešenie
Puzzle	Hádanky
Rilassamento	Relaxácia
Tempo Libero	Voľný Čas

Attività e Tempo Libero
Aktivity a Voľný Čas

Arte	Umenie
Baseball	Bejzbal
Basket	Basketbal
Boxe	Boxu
Calcio	Futbal
Campeggio	Kemp
Escursioni	Turistika
Giardinaggio	Záhradníctvo
Golf	Golf
Hobby	Koníčky
Immersione	Potápanie
Nuoto	Plávanie
Pallavolo	Volejbal
Pesca	Rybolov
Pittura	Obraz
Rilassante	Relaxačný
Surf	Surfovanie
Tennis	Tenis
Viaggio	Cestovanie

Avventura
Dobrodružstvo

Amici	Priatelia
Attività	Činnosť
Bellezza	Krása
Coraggio	Statočnosť
Destinazione	Cieľ
Difficoltà	Obtiažnosť
Entusiasmo	Nadšenie
Escursione	Exkurzia
Gioia	Radosť
Insolito	Neobvyklý
Itinerario	Itinerár
Natura	Povaha
Navigazione	Navigácia
Nuovo	Nový
Opportunità	Príležitosť
Pericoloso	Nebezpečný
Preparazione	Príprava
Sfide	Výzvy
Sicurezza	Bezpečnosť
Viaggi	Cestuje

Balletto
Baletné

Abilità	Zručnosť
Applauso	Potlesk
Artistico	Umelecký
Ballerina	Balerína
Ballerini	Tanečníci
Compositore	Skladateľ
Coreografia	Choreografia
Espressivo	Expresívny
Gesto	Gesto
Grazioso	Pôvabný
Intensità	Intenzita
Muscoli	Svaly
Musica	Hudba
Orchestra	Orchester
Pratica	Prax
Prova	Skúška
Pubblico	Publikum
Ritmo	Rytmus
Stile	Štýl
Tecnica	Technika

Barbecue
Grilovanie

Caldo	Horúci
Cena	Večera
Cibo	Jedlo
Cipolle	Cibuľa
Coltelli	Nože
Estate	Leto
Fame	Hlad
Famiglia	Rodina
Frutta	Ovocie
Giochi	Hry
Griglia	Gril
Insalate	Šaláty
Invito	Pozvánka
Musica	Hudba
Pepe	Paprika
Pollo	Kura
Pomodori	Paradajky
Pranzo	Obed
Sale	Soľ
Salsa	Omáčka

Campeggio
Kempovanie

Alberi	Stromy
Amaca	Hojdacia Sieť
Animali	Zvieratá
Avventura	Dobrodružstvo
Bussola	Kompas
Cabina	Kabína
Caccia	Lov
Canoa	Kanoe
Cappello	Klobúk
Corda	Lano
Divertimento	Zábava
Foresta	Les
Fuoco	Oheň
Insetto	Hmyz
Lago	Jazero
Luna	Mesiac
Mappa	Mapa
Montagna	Vrch
Natura	Povaha
Tenda	Stan

Campionato
Majstrovstvá

Allenatore	Tréner
Campionato	Majstrovstvo
Campione	Majster
Finalista	Finalista
Giochi	Hry
Giudice	Sudca
Lega	Liga
Medaglia	Medaila
Motivazione	Motivácia
Prestazione	Výkon
Resistenza	Vytrvalosť
Sportivo	Športové
Squadra	Tím
Strategia	Stratégia
Sudore	Pot
Torneo	Turnaj
Vittoria	Víťazstvo

Casa
Dom

Attico	Podkrovie
Biblioteca	Knižnica
Camera	Izba
Camino	Krb
Cucina	Kuchyňa
Doccia	Sprcha
Finestra	Okno
Garage	Garáž
Giardino	Záhrada
Lampada	Lampa
Parete	Stena
Pavimento	Podlaha
Porta	Dvere
Recinto	Plot
Rubinetto	Kohútik
Scopa	Metla
Soffitto	Strop
Specchio	Zrkadlo
Tappeto	Koberec
Tetto	Strecha

Castelli
Hrady a Zámky

Armatura	Brnenie
Catapulta	Katapult
Cavaliere	Rytier
Cavallo	Kôň
Corona	Koruna
Dinastia	Dynastia
Drago	Drak
Feudale	Feudálny
Fortezza	Pevnosť
Impero	Ríša
Nobile	Ušľachtilý
Palazzo	Palác
Parete	Stena
Principe	Princ
Principessa	Princezná
Regno	Kráľovstvo
Scudo	Štít
Spada	Meč
Torre	Veža
Unicorno	Jednorožec

Cibo #1
Jedlo #1

Aglio	Cesnak
Basilico	Bazalka
Cannella	Škorica
Carne	Mäso
Carota	Mrkva
Cipolla	Cibuľa
Fragola	Jahoda
Insalata	Šalát
Latte	Mlieko
Limone	Citrón
Menta	Mäta
Orzo	Jačmeň
Pera	Hruška
Rapa	Kvaka
Sale	Soľ
Spinaci	Špenát
Succo	Šťava
Tonno	Tuniak
Torta	Torta
Zucchero	Cukor

Cibo #2
Jedlo #2

Banana	Banán
Broccolo	Brokolica
Ciliegia	Čerešňa
Cioccolato	Čokoláda
Formaggio	Syr
Fungo	Huba
Grano	Pšenica
Kiwi	Kivi
Mela	Jablko
Melanzana	Baklažán
Pane	Chlieb
Pesce	Ryby
Pollo	Kura
Pomodoro	Paradajka
Prosciutto	Šunka
Riso	Ryža
Sedano	Zeler
Uovo	Vajec
Uva	Hrozno
Yogurt	Jogurt

Cioccolato
Čokoláda

Amaro	Horký
Antiossidante	Antioxidant
Arachidi	Arašidy
Aroma	Aróma
Artigianale	Remeselné
Cacao	Kakao
Calorie	Kalórie
Caramella	Cukroví
Caramello	Karamel
Delizioso	Lahodný
Dolce	Sladký
Esotico	Exotický
Gusto	Chuť
Ingrediente	Zložka
Noce di Cocco	Kokosový
Polvere	Prášok
Preferito	Obľúbený
Qualità	Kvalita
Ricetta	Recept
Zucchero	Cukor

Circo
Cirkus

Acrobata	Akrobat
Animali	Zvieratá
Biglietto	Lístok
Caramella	Cukroví
Clown	Klaun
Costume	Kostým
Elefante	Slon
Giocoliere	Žonglér
Leone	Lev
Magia	Kúzlo
Mago	Kúzelník
Musica	Hudba
Palloncini	Balóny
Parata	Sprievod
Scimmia	Opica
Spettacolare	Veľkolepý
Spettatore	Divák
Tenda	Stan
Tigre	Tiger
Trucco	Trik

Città
Mesto

Aeroporto	Letisko
Banca	Banka
Biblioteca	Knižnica
Cinema	Kino
Clinica	Klinika
Farmacia	Lekáreň
Fiorista	Kvetinárstvo
Galleria	Galéria
Hotel	Hotel
Libreria	Kníhkupectvo
Mercato	Trh
Museo	Múzeum
Negozio	Obchod
Panetteria	Pekáreň
Scuola	Škola
Stadio	Štadión
Supermercato	Supermarket
Teatro	Divadlo
Università	Univerzita
Zoo	Zoo

Colori
Farby

Arancia	Oranžový
Beige	Béžová
Bianco	Biely
Blu	Modrá
Ciano	Azúrová
Fucsia	Fuchsie
Giallo	Žltá
Grigio	Sivý
Indaco	Indigo
Magenta	Purpurová
Marrone	Hnedý
Nero	Čierny
Rosa	Ružová
Rosso	Červená
Seppia	Sépia
Verde	Zelená
Viola	Fialová

Compleanno
Narodeniny

Amici	Priatelia
Anno	Rok
Calendario	Kalendár
Candele	Sviečky
Canzone	Pieseň
Carte	Karty
Celebrazione	Oslava
Divertimento	Zábava
Felice	Šťastný
Gioioso	Radostný
Giorno	Deň
Giovane	Mladý
Grande	Veľký
Inviti	Pozvánky
Nato	Narodený
Regalo	Dar
Saggezza	Múdrosť
Speciale	Špeciálny
Tempo	Čas
Torta	Torta

Conservazione
Zachovanie

Acqua	Voda
Ambientale	Ekologický
Cambiamenti	Zmeny
Ciclo	Cyklus
Clima	Klíma
Ecosistema	Ekosystém
Educazione	Vzdelávanie
Habitat	Habitat
Inquinamento	Znečistenie
Naturale	Prirodzený
Organico	Organický
Pesticida	Pesticíd
Riciclare	Recyklovať
Ridurre	Znížiť
Salute	Zdravie
Sostenibile	Udržateľný
Verde	Zelená
Volontario	Dobrovoľník

Corpo Umano
Ľudské Telo

Bocca	Ústa
Caviglia	Členok
Cervello	Mozog
Collo	Krk
Cuore	Srdce
Dito	Prst
Faccia	Tvár
Gamba	Noha
Ginocchio	Koleno
Gomito	Laket'
Mano	Ruka
Mento	Brada
Naso	Nos
Occhio	Oko
Orecchio	Ucho
Pelle	Koža
Sangue	Krv
Spalla	Rameno
Stomaco	Žalúdok
Testa	Hlava

Cucina
Kuchyňa

Bacchette	Paličky
Bollitore	Kanvica
Brocca	Džbán
Cibo	Jedlo
Ciotola	Miska
Coltelli	Nože
Congelatore	Mraznička
Cucchiai	Lyžice
Forchette	Vidličky
Forno	Rúra
Frigorifero	Chladnička
Grembiule	Zástera
Griglia	Gril
Mestolo	Naberačka
Ricetta	Recept
Spezie	Korenie
Spugna	Hubka
Tazze	Pohár
Tovagliolo	Obrúsok
Vaso	Jar

Danza
Tancujte

Accademia	Akadémia
Arte	Umenie
Classico	Klasický
Compagno	Partner
Coreografia	Choreografia
Corpo	Telo
Cultura	Kultúra
Culturale	Kultúrny
Emozione	Emócia
Espressivo	Expresívny
Gioioso	Radostný
Grazia	Milosť
Movimento	Pohyb
Musica	Hudba
Prova	Skúška
Ritmo	Rytmus
Salto	Skok
Tradizionale	Tradičný
Visivo	Vizuálny

Dinosauri
Dinosaury

Ali	Krídla
Carnivoro	Mäsožravec
Coda	Chvost
Enorme	Ohromný
Erbivoro	Bylinožravec
Evoluzione	Vývoj
Fossili	Fosílie
Grande	Veľký
Mammut	Mamut
Onnivoro	Omnivor
Potente	Mocný
Preda	Korisť
Preistorico	Prehistorický
Rapace	Raptor
Rettile	Plaz
Scomparsa	Zmiznutie
Specie	Druh
Taglia	Veľkosť
Terra	Zem
Vizioso	Začarovaný

Discipline Scientifiche
Vedecké Disciplíny

Anatomia	Anatómia
Archeologia	Archeológia
Astronomia	Astronómia
Biochimica	Biochémia
Biologia	Biológia
Botanica	Botanika
Chimica	Chémia
Ecologia	Ekológia
Fisiologia	Fyziológia
Geologia	Geológia
Immunologia	Imunológia
Linguistica	Lingvistika
Meccanica	Mechanika
Meteorologia	Meteorológia
Mineralogia	Mineralógia
Neurologia	Neurológia
Psicologia	Psychológia
Sociologia	Sociológia
Termodinamica	Termodynamika
Zoologia	Zoológia

Ecologia
Ekológia

Clima	Klíma
Comunità	Komunity
Diversità	Rôznorodosť
Fauna	Fauna
Flora	Flóra
Globale	Globálny
Habitat	Habitat
Marino	Morský
Montagne	Hory
Natura	Povaha
Naturale	Prirodzený
Palude	Močiar
Piante	Rastliny
Risorse	Zdroje
Siccità	Sucho
Sopravvivenza	Prežitie
Sostenibile	Udržateľný
Specie	Druh
Vegetazione	Vegetácia
Volontari	Dobrovoľníci

Edifici
Budovy

Appartamento	Byt
Cabina	Kabína
Castello	Hrad
Cinema	Kino
Fabbrica	Továreň
Fattoria	Farma
Fienile	Stodola
Hotel	Hotel
Laboratorio	Laboratórium
Museo	Múzeum
Ospedale	Nemocnica
Osservatorio	Observatórium
Ostello	Hostel
Scuola	Škola
Stadio	Štadión
Supermercato	Supermarket
Teatro	Divadlo
Tenda	Stan
Torre	Veža
Università	Univerzita

Emozioni
Emócie

Amore	Láska
Beatitudine	Blaženosť
Calma	Pokojný
Contenuto	Obsah
Eccitato	Nadšený
Gentilezza	Láskavosť
Gioia	Radosť
Grato	Vďačný
Noia	Nuda
Pace	Mier
Paura	Strach
Rabbia	Hnev
Rilassato	Uvoľnený
Rilievo	Reliéf
Simpatia	Sympatie
Soddisfatto	Spokojný
Sorpresa	Prekvapenie
Tenerezza	Neha
Tranquillità	Pokoj
Tristezza	Smútok

Erboristeria
Bylinkárstvo

Aglio	Cesnak
Aneto	Kôpor
Aromatico	Aromatický
Basilico	Bazalka
Culinario	Kuchársky
Dragoncello	Estragón
Finocchio	Fenikel
Fiore	Kvet
Giardino	Záhrada
Ingrediente	Zložka
Lavanda	Levanduľa
Maggiorana	Majorán
Menta	Mäta
Origano	Oregano
Prezzemolo	Petržlen
Qualità	Kvalita
Rosmarino	Rozmarín
Timo	Tymian
Verde	Zelená
Zafferano	Šafran

Escursionismo
Pešia Turistika

Acqua	Voda
Animali	Zvieratá
Campeggio	Kemp
Clima	Klíma
Mappa	Mapa
Meteo	Počasie
Montagna	Vrch
Natura	Povaha
Orientamento	Orientácia
Parchi	Parky
Pesante	Ťažký
Pietre	Kamene
Preparazione	Príprava
Scogliera	Útes
Selvaggio	Divoký
Sole	Slnko
Stanco	Unavený
Stivali	Čižmy
Vertice	Summit
Zanzare	Komáre

Estate
Letné

Amici	Priatelia
Campeggio	Kemp
Casa	Domov
Cibo	Jedlo
Famiglia	Rodina
Giardino	Záhrada
Giochi	Hry
Gioia	Radosť
Immersione	Potápanie
Libri	Knihy
Mare	More
Musica	Hudba
Ricordi	Spomienky
Rilassamento	Relaxácia
Sandali	Sandále
Spiaggia	Pláž
Stelle	Hviezdy
Tempo Libero	Voľný Čas
Vacanza	Dovolenka
Viaggio	Cestovanie

Famiglia
Rodinná

Antenato	Predok
Bambini	Deti
Bambino	Dieťa
Cugino	Bratranec
Figlia	Dcéra
Fratello	Brat
Gemelli	Dvojčatá
Infanzia	Detstvo
Madre	Matka
Marito	Manžel
Materno	Matiek
Moglie	Manželka
Nipote	Synovec
Nonna	Babička
Nonno	Dedko
Padre	Otec
Paterno	Otcovské
Sorella	Sestra
Zia	Teta
Zio	Strýko

Fantascienza
Science Fiction

Atomico	Atómová
Cinema	Kino
Distopia	Dystopia
Esplosione	Výbuch
Estremo	Extrémny
Fantastico	Fantastický
Fuoco	Oheň
Futuristico	Futuristický
Galassia	Galaxia
Illusione	Ilúzia
Immaginario	Imaginárny
Libri	Knihy
Misterioso	Tajomný
Mondo	Svet
Oracolo	Oracle
Pianeta	Planéta
Realistico	Realistický
Robot	Roboty
Tecnologia	Technológia
Utopia	Utópia

Fattoria #1
Farma #1

Acqua	Voda
Ape	Včela
Asino	Somár
Campo	Pole
Cane	Pes
Capra	Koza
Cavallo	Kôň
Fertilizzante	Hnojivo
Fieno	Seno
Gatto	Mačka
Gregge	Kŕdeľ
Maiale	Prasa
Miele	Med
Mucca	Krava
Pollo	Kura
Recinto	Plot
Riso	Ryža
Semi	Semená
Terra	Pôda
Vitello	Teľa

Fattoria #2
Farma # 2

Agnello	Jahňa
Agricoltore	Farmár
Alveare	Úľ
Anatra	Kačica
Animali	Zvieratá
Cibo	Jedlo
Fienile	Stodola
Frutta	Ovocie
Frutteto	Sad
Grano	Pšenica
Irrigazione	Zavlažovanie
Lama	Lama
Latte	Mlieko
Mais	Kukurica
Oche	Husi
Orzo	Jačmeň
Pastore	Pastier
Pecora	Ovce
Prato	Lúka
Trattore	Traktor

Fiori
Kvety

Dente di Leone	Púpava
Gardenia	Gardénia
Gelsomino	Jazmín
Giglio	Ľalia
Girasole	Slnečnica
Ibisco	Ibištek
Lavanda	Levanduľa
Lilla	Orgován
Magnolia	Magnólia
Margherita	Sedmokráska
Mazzo	Kytica
Narciso	Narcis
Orchidea	Orchidea
Papavero	Mak
Peonia	Pivonka
Petalo	Lístok
Plumeria	Plumeria
Rosa	Ruža
Trifoglio	Ďatelina
Tulipano	Tulipán

Foresta Pluviale
Dažďový Prales

Anfibi	Obojživelníky
Botanico	Botanický
Clima	Klíma
Comunità	Komunita
Diversità	Rôznorodosť
Giungla	Džungle
Indigeno	Domorodý
Insetti	Hmyz
Mammiferi	Cicavce
Muschio	Mach
Natura	Povaha
Nuvole	Oblaky
Preservazione	Zachovanie
Prezioso	Cenný
Restauro	Obnova
Rifugio	Útočisko
Rispetto	Rešpektovať
Sopravvivenza	Prežitie
Specie	Druh
Uccelli	Vtáky

Forme
Tvary

Angolo	Rút
Arco	Oblúk
Bordi	Okraje
Cerchio	Kruh
Cilindro	Valec
Cono	Kužeľ
Cubo	Kocka
Curva	Krivka
Ellisse	Elipsa
Iperbole	Hyperbola
Lato	Strana
Linea	Linka
Ovale	Ovál
Piramide	Pyramída
Poligono	Mnohouholník
Prisma	Hranol
Quadrato	Námestie
Rettangolo	Obdĺžnik
Sfera	Sféra
Triangolo	Trojuholník

Forniture Artistiche
Umelecké Potreby

Acqua	Voda
Acquerelli	Akvarely
Acrilico	Akryl
Argilla	Hlina
Carbone	Uhlie
Carta	Papier
Cavalletto	Stojan
Colla	Lepidlo
Colori	Farby
Creatività	Tvorivosť
Gomma	Guma
Idee	Nápady
Inchiostro	Atrament
Matite	Ceruzky
Olio	Olej
Pastelli	Pastely
Sedia	Stolička
Spazzole	Kefy
Tavolo	Tabuľka
Telecamera	Fotoaparát

Frutta
Ovocie

Albicocca	Marhule
Ananas	Ananás
Arancia	Oranžový
Avocado	Avokádo
Bacca	Bobule
Banana	Banán
Ciliegia	Čerešňa
Fico	Figa
Kiwi	Kivi
Lampone	Malina
Limone	Citrón
Mango	Mango
Mela	Jablko
Melone	Melón
Mora	Černice
Papaia	Papája
Pera	Hruška
Pesca	Broskyňa
Prugna	Slivka
Uva	Hrozno

Gatti
Mačky

Artiglio	Pazúr
Cacciatore	Lovec
Coda	Chvost
Curioso	Zvedavý
Divertente	Smiešny
Dormire	Spánok
Filo	Priadza
Giocoso	Hravý
Indipendente	Nezávislý
Pazzo	Bláznivý
Pelliccia	Kožušina
Personalità	Osobnosť
Poco	Málo
Selvaggio	Divoký
Timido	Plachý
Topo	Myš
Veloce	Rýchly
Zampa	Labka

Geografia
Geografia

Atlante	Atlas
Città	Mesto
Continente	Kontinent
Elevazione	Výška
Emisfero	Hemisféra
Fiume	Rieka
Isola	Ostrov
Longitudine	Logitude
Mappa	Mapa
Mare	More
Meridiano	Poludník
Mondo	Svet
Montagna	Vrch
Nord	Sever
Oceano	Oceán
Ovest	Západ
Paese	Krajina
Regione	Región
Sud	Juh
Territorio	Územie

Geologia
Geológia

Acido	Kyselina
Altopiano	Plošina
Calcio	Vápnik
Caverna	Jaskyňa
Continente	Kontinent
Corallo	Koralov
Cristalli	Kryštály
Erosione	Erózia
Fossile	Fosílne
Geyser	Gejzír
Lava	Láva
Minerali	Minerály
Pietra	Kameň
Quarzo	Kremeň
Sale	Soľ
Stalagmiti	Stalagmity
Stalattite	Stalaktit
Strato	Vrstva
Terremoto	Zemetrasenie
Vulcano	Sopka

Giardino
Záhradný

Albero	Strom
Amaca	Hojdacia Sieť
Cespuglio	Ker
Erba	Tráva
Erbacce	Buriny
Fiore	Kvet
Frutteto	Sad
Garage	Garáž
Giardino	Záhrada
Pala	Lopata
Panca	Lavička
Prato	Trávnik
Rastrello	Hrable
Recinto	Plot
Stagno	Rybník
Suolo	Pôda
Terrazza	Terasa
Trampolino	Trampolína
Tubo	Hadica
Vite	Vinič

Giocattoli
Hračky

Aereo	Lietadlo
Argilla	Hlina
Artigianato	Remeslá
Auto	Auto
Bambola	Bábika
Barca	Loď
Batteria	Bicie
Bicicletta	Bicykel
Camion	Nákladné Auto
Giochi	Hry
Immaginazione	Predstavivosť
Libri	Knihy
Palla	Lopta
Preferito	Obľúbený
Puzzle	Hádanka
Robot	Robot
Scacchi	Šach
Treno	Vlak
Vernici	Farby

Giorni e Mesi
Dni a Mesiace

Agosto	August
Anno	Rok
Aprile	Apríl
Calendario	Kalendár
Dicembre	December
Domenica	Nedeľa
Febbraio	Február
Gennaio	Január
Giugno	Jún
Luglio	Júl
Lunedì	Pondelok
Martedì	Utorok
Mercoledì	Streda
Mese	Mesiac
Novembre	November
Ottobre	Október
Sabato	Sobota
Settembre	September
Settimana	Týždeň
Venerdì	Piatok

Guida
Šoférovanie

Attenzione	Opatrnosť
Auto	Auto
Autobus	Autobus
Carburante	Palivo
Freni	Brzdy
Garage	Garáž
Gas	Plyn
Incidente	Nehoda
Licenza	Licencia
Mappa	Mapa
Moto	Motocykel
Motore	Motor
Pedonale	Pešej
Polizia	Polícia
Sicurezza	Bezpečnosť
Strada	Cesta
Traffico	Doprava
Trasporto	Preprava
Tunnel	Tunel
Velocità	Rýchlosť

Imbarcazioni
Lode

Albero	Stožiar
Ancora	Kotva
Barca a Vela	Plachetnica
Boa	Bója
Canoa	Kanoe
Corda	Lano
Equipaggio	Posádka
Fiume	Rieka
Kayak	Kajak
Lago	Jazero
Mare	More
Marea	Príliv
Marinaio	Námorník
Motore	Motor
Nautico	Námorných
Oceano	Oceán
Onde	Vlny
Traghetto	Trajekt
Yacht	Jachta
Zattera	Raft

Insetti
Hmyz

Afide	Voška
Ape	Včela
Calabrone	Sršeň
Cavalletta	Kobylka
Cicala	Cikáda
Coccinella	Lienka
Coleottero	Chrobák
Falena	Mor
Farfalla	Motýľ
Formica	Mravec
Larva	Larva
Libellula	Vážka
Locusta	Svätojánsky
Mantide	Mantis
Pulce	Blcha
Scarafaggio	Šváb
Termite	Termit
Verme	Červ
Vespa	Osa
Zanzara	Komár

Letteratura
Literatúra

Analisi	Analýza
Analogia	Analógia
Aneddoto	Anekdota
Autore	Autor
Biografia	Životopis
Conclusione	Záver
Confronto	Porovnanie
Descrizione	Popis
Dialogo	Dialóg
Genere	Žáner
Metafora	Metafora
Opinione	Názor
Poesia	Báseň
Poetico	Poetický
Rima	Rým
Ritmo	Rytmus
Romanzo	Román
Stile	Štýl
Tema	Téma
Tragedia	Tragédia

Libri
Knihy

Autore	Autor
Avventura	Dobrodružstvo
Collezione	Zbierka
Contesto	Kontext
Dualità	Dualita
Epico	Epos
Inventivo	Vynaliezavý
Letterario	Literárny
Lettore	Čitateľ
Narratore	Rozprávač
Pagina	Strana
Poesia	Poézia
Rilevante	Príslušný
Romanzo	Román
Scritto	Písaný
Serie	Séria
Storia	Príbeh
Storico	Historický
Tragico	Tragický
Umoristico	Humorný

Mammiferi
Cicavcov

Balena	Veľryba
Cane	Pes
Canguro	Klokan
Cavallo	Kôň
Cervo	Jeleň
Coniglio	Králik
Coyote	Kojot
Delfino	Delfín
Elefante	Slon
Gatto	Mačka
Giraffa	Žirafa
Gorilla	Gorila
Leone	Lev
Lupo	Vlk
Orso	Medveď
Pecora	Ovce
Scimmia	Opica
Toro	Býk
Volpe	Líška
Zebra	Zebra

Matematica
Matematika

Italiano	Slovensko
Angoli	Uhly
Aritmetica	Aritmetika
Decimale	Desatinné
Diametro	Priemer
Divisione	Divízia
Equazione	Rovnice
Esponente	Exponent
Frazione	Zlomok
Geometria	Geometria
Parallelo	Paralelný
Parallelogramma	Rovnobežník
Perimetro	Obvod
Perpendicolare	Kolmý
Poligono	Mnohouholník
Quadrato	Námestie
Raggio	Polomer
Rettangolo	Obdĺžnik
Simmetria	Symetria
Somma	Súčet
Triangolo	Trojuholník

Meditazione
Meditácia

Italiano	Slovensko
Accettazione	Prijatie
Attenzione	Pozornosť
Calma	Pokojný
Chiarezza	Jasnosť
Compassione	Súcit
Emozioni	Emócie
Felicità	Šťastie
Gentilezza	Láskavosť
Gratitudine	Vďačnosť
Mentale	Mentálny
Mente	Myseľ
Movimento	Pohyb
Musica	Hudba
Natura	Povaha
Osservazione	Pozorovanie
Pace	Mier
Pensieri	Myšlienky
Prospettiva	Perspektíva
Respirazione	Dýchanie
Silenzio	Ticho

Meteo
Počasie

Italiano	Slovensko
Arcobaleno	Dúha
Asciutto	Suchý
Atmosfera	Atmosféra
Brezza	Vánok
Cielo	Neba
Clima	Klíma
Fulmine	Blesk
Ghiaccio	Ľad
Monsone	Monzún
Nebbia	Hmla
Nube	Mrak
Polare	Polárny
Siccità	Sucho
Temperatura	Teplota
Tempesta	Búrka
Tornado	Tornádo
Tropicale	Tropický
Tuono	Hrom
Uragano	Hurikán
Vento	Vietor

Misurazioni
Merania

Italiano	Slovensko
Altezza	Výška
Byte	Bajt
Centimetro	Centimeter
Chilogrammo	Kilogram
Chilometro	Kilometer
Decimale	Desatinné
Grado	Stupeň
Grammo	Gram
Larghezza	Šírka
Litro	Liter
Lunghezza	Dĺžka
Metro	Meter
Minuto	Minúta
Oncia	Unca
Peso	Hmotnosť
Pinta	Polliter
Pollice	Palec
Profondità	Hĺbka
Tonnellata	Ton

Mitologia
Mytológia

Italiano	Slovensko
Archetipo	Archetyp
Comportamento	Správanie
Creatura	Tvor
Creazione	Tvorba
Credenze	Presvedčenie
Cultura	Kultúra
Disastro	Katastrofa
Divinità	Božstvá
Eroe	Hrdina
Forza	Sila
Fulmine	Blesk
Gelosia	Žiarlivosť
Guerriero	Bojovník
Immortalità	Nesmrteľnosť
Labirinto	Labyrint
Leggenda	Legenda
Mortale	Smrteľný
Mostro	Príšera
Tuono	Hrom
Vendetta	Pomsta

Mobili
Vybavenie

Italiano	Slovensko
Amaca	Hojdacia Sieť
Armoire	Armoire
Cuscini	Vankúše
Cuscino	Vankúš
Divano	Gauč
Futon	Futon
Lampada	Lampa
Letto	Posteľ
Libreria	Knižnica
Materasso	Matrac
Panca	Lavička
Poltrona	Kreslo
Scaffali	Police
Sedia	Stolička
Specchio	Zrkadlo
Tappeto	Koberec
Tende	Záclony

Natura
Príroda

Animali	Zvieratá
Api	Včely
Artico	Arktický
Bellezza	Krása
Deserto	Púšť
Dinamico	Dynamický
Erosione	Erózia
Fiume	Rieka
Fogliame	Lístie
Foresta	Les
Ghiacciaio	Ľadovec
Montagne	Hory
Nebbia	Hmla
Nuvole	Oblaky
Santuario	Svätyňa
Scogliere	Útesy
Selvaggio	Divoký
Sereno	Pokojný
Tropicale	Tropický
Vitale	Vitálny

Numeri
Čísla

Cinque	Päť
Decimale	Desatinné
Diciannove	Devätnásť
Diciassette	Sedemnásť
Diciotto	Osemnásť
Dieci	Desať
Dodici	Dvanásť
Due	Dva
Nove	Deväť
Otto	Osem
Quattordici	Štrnásť
Quattro	Štyri
Quindici	Pätnásť
Sedici	Šestnásť
Sei	Šesť
Sette	Sedem
Tre	Tri
Tredici	Trinásť
Venti	Dvadsať
Zero	Nula

Nutrizione
Výživa

Amaro	Horký
Appetito	Chuť
Bilanciato	Vyvážený
Calorie	Kalórie
Carboidrati	Sacharidy
Commestibile	Jedlé
Dieta	Diéta
Digestione	Trávenie
Fermentazione	Kvasenie
Liquidi	Tekutiny
Nutriente	Živín
Peso	Hmotnosť
Proteine	Bielkoviny
Qualità	Kvalita
Salsa	Omáčka
Salute	Zdravie
Sano	Zdravý
Spezie	Korenie
Tossina	Toxín
Vitamina	Vitamín

Oceano
Oceán

Anguilla	Úhor
Balena	Veľryba
Barca	Loď
Corallo	Koralov
Delfino	Delfín
Gamberetto	Krevety
Granchio	Krab
Maree	Príliv
Medusa	Medúza
Onde	Vlny
Ostrica	Ustrice
Pesce	Ryby
Polpo	Chobotnica
Sale	Soľ
Scogliera	Útes
Spugna	Hubka
Squalo	Žralok
Tartaruga	Korytnačka
Tempesta	Búrka
Tonno	Tuniak

Paesaggi
Krajinky

Cascata	Vodopád
Collina	Kopec
Deserto	Púšť
Dune	Duny
Fiume	Rieka
Geyser	Gejzír
Ghiacciaio	Ľadovec
Grotta	Jaskyňa
Isola	Ostrov
Lago	Jazero
Mare	More
Montagna	Vrch
Oasi	Oáza
Oceano	Oceán
Palude	Močiar
Penisola	Polostrov
Spiaggia	Pláž
Tundra	Tundra
Valle	Údolie
Vulcano	Sopka

Paesi #2
Krajiny #2

Albania	Albánsko
Danimarca	Dánsko
Etiopia	Etiópia
Giamaica	Jamajka
Giappone	Japonsko
Grecia	Grécko
Haiti	Haiti
Indonesia	Indonézia
Irlanda	Írsko
Laos	Laos
Liberia	Libéria
Messico	Mexiko
Nepal	Nepál
Nigeria	Nigéria
Pakistan	Pakistan
Russia	Rusko
Siria	Sýria
Sudan	Sudán
Ucraina	Ukrajina
Uganda	Uganda

Pesca
Rybárčenie

Acqua	Voda
Attrezzatura	Zariadenie
Barca	Loď
Branchie	Žiabre
Cesto	Kôš
Esagerazione	Preháňanie
Esca	Návnada
Filo	Drôt
Fiume	Rieka
Gancio	Háčik
Lago	Jazero
Mascella	Čeľusť
Oceano	Oceán
Pazienza	Trpezlivosť
Peso	Hmotnosť
Pinne	Plutvy
Spiaggia	Pláž

Piante
Rastliny

Albero	Strom
Bacca	Bobule
Bambù	Bambus
Botanica	Botanika
Cactus	Kaktus
Cespuglio	Ker
Edera	Brečtan
Erba	Tráva
Fagiolo	Fazuľa
Fertilizzante	Hnojivo
Fiore	Kvet
Flora	Flóra
Foglia	List
Fogliame	Lístie
Foresta	Les
Giardino	Záhrada
Muschio	Mach
Petalo	Lístok
Radice	Koreň
Vegetazione	Vegetácia

Pirati
Piráti

Ancora	Kotva
Avventura	Dobrodružstvo
Bandiera	Vlajka
Bussola	Kompas
Capitano	Kapitán
Cattivo	Zlý
Cicatrice	Jazva
Equipaggio	Posádka
Grotta	Jaskyňa
Isola	Ostrov
Leggenda	Legenda
Mappa	Mapa
Monete	Mince
Oceano	Oceán
Oro	Zlato
Pappagallo	Papagáj
Rum	Rum
Spada	Meč
Spiaggia	Pláž
Tesoro	Poklad

Professioni #1
Profesie #1

Allenatore	Tréner
Ambasciatore	Veľvyslanec
Artista	Umelec
Astronomo	Astronóm
Avvocato	Právnik
Ballerino	Tanečník
Banchiere	Bankár
Cacciatore	Lovec
Cartografo	Kartograf
Editore	Editor
Farmacista	Lekárnik
Geologo	Geológ
Gioielliere	Klenotník
Idraulico	Inštalatér
Infermiera	Sestra
Musicista	Hudobník
Pianista	Klavirista
Psicologo	Psychológ
Scienziato	Vedec
Veterinario	Veterinár

Professioni #2
Profesie #2

Astronauta	Astronaut
Bibliotecario	Knihovník
Biologo	Biológ
Chirurgo	Chirurg
Dentista	Zubár
Filosofo	Filozof
Fotografo	Fotograf
Giardiniere	Záhradník
Giornalista	Novinár
Illustratore	Ilustrátor
Ingegnere	Inžinier
Insegnante	Učiteľ
Inventore	Vynálezca
Investigatore	Vyšetrovateľ
Linguista	Lingvista
Medico	Lekár
Pilota	Pilot
Pittore	Maliar
Ricercatore	Výskumník
Zoologo	Zoológ

Riempire
Vyplniť

Barile	Sud
Borsa	Taška
Bottiglia	Fľaša
Busta	Obálka
Cartella	Zložka
Cartone	Kartón
Cassa	Prepravka
Cassetto	Zásuvka
Cesto	Kôš
Nave	Nádoba
Scatola	Box
Secchio	Vedro
Tasca	Vrecko
Tubo	Trubica
Valigia	Kufor
Vasca	Vaňa
Vaso	Váza
Vassoio	Podnos

Ristorante #1
Reštaurácia #1

Allergia	Alergia
Caffè	Káva
Cameriera	Čašníčka
Carne	Mäso
Cassiere	Pokladník
Cibo	Jedlo
Ciotola	Miska
Coltello	Nôž
Cucina	Kuchyňa
Dessert	Dezert
Ingredienti	Ingrediencie
Mangiare	Jesť
Menù	Menu
Pane	Chlieb
Piatto	Tanier
Piccante	Pikantné
Pollo	Kura
Prenotazione	Rezervácia
Salsa	Omáčka
Tovagliolo	Obrúsok

Ristorante #2
Reštaurácia č. 2

Acqua	Voda
Aperitivo	Predjedlo
Bevanda	Nápoj
Cameriere	Čašník
Cena	Večera
Cucchiaio	Lyžica
Delizioso	Lahodný
Forchetta	Vidlica
Frutta	Ovocie
Ghiaccio	Ľad
Insalata	Šalát
Minestra	Polievka
Pesce	Ryby
Pranzo	Obed
Sale	Soľ
Sedia	Stolička
Spezie	Korenie
Torta	Torta
Uova	Vajcia
Verdure	Zelenina

Scacchi
Šach

Avversario	Súper
Bianco	Biely
Campione	Majster
Concorso	Súťaž
Diagonale	Diagonálny
Giocatore	Hráč
Gioco	Hra
Nero	Čierny
Passivo	Pasívny
Punti	Body
Re	Kráľ
Regina	Kráľovná
Regole	Pravidlá
Sacrificio	Obetovať
Sfide	Výzvy
Strategia	Stratégia
Tempo	Čas
Torneo	Turnaj

Scienza
Veda

Atomo	Atóm
Chimico	Chemický
Clima	Klíma
Dati	Údaje
Esperimento	Experiment
Evoluzione	Vývoj
Fatto	Fakt
Fisica	Fyzika
Fossile	Fosílne
Gravità	Gravitácia
Ipotesi	Hypotéza
Laboratorio	Laboratórium
Metodo	Metóda
Minerali	Minerály
Molecole	Molekuly
Natura	Povaha
Organismo	Organizmus
Osservazione	Pozorovanie
Particelle	Častice
Scienziato	Vedec

Scuola #1
Škola #1

Alfabeto	Abeceda
Amici	Priatelia
Aula	Učebňa
Biblioteca	Knižnica
Carta	Papier
Cartelle	Priečinky
Divertimento	Zábava
Esami	Skúšky
Insegnante	Učiteľ
Leggere	Čítať
Libri	Knihy
Matematica	Matematika
Matita	Ceruzka
Numeri	Čísla
Penne	Perá
Pranzo	Obed
Quiz	Kvíz
Risposte	Odpovede
Scrivere	Písať
Sedia	Stolička

Scuola #2
Škola č. 2

Accademico	Akademický
Autobus	Autobus
Biblioteca	Knižnica
Calendario	Kalendár
Carta	Papier
Computer	Počítač
Dizionario	Slovník
Educazione	Vzdelávanie
Forbici	Nožnice
Giochi	Hry
Grammatica	Gramatika
Insegnante	Učiteľ
Letteratura	Literatúra
Lettura	Čítanie
Libri	Knihy
Matematica	Matematika
Matita	Ceruzka
Scarpe	Topánky
Scienza	Veda
Zaino	Batoh

Spezie
Korenie

Aglio	Cesnak
Amaro	Horký
Anice	Aníz
Cannella	Škorica
Cardamomo	Kardamon
Cipolla	Cibuľa
Coriandolo	Koriander
Cumino	Rasca
Curcuma	Kurkuma
Curry	Kari
Dolce	Sladký
Finocchio	Fenikel
Gusto	Chuť
Paprika	Paprika
Sale	Soľ
Vaniglia	Vanilka
Zafferano	Šafran
Zenzero	Zázvor

Spiaggia
Pláž

Asciugamano	Uterák
Barca	Loď
Barca a Vela	Plachetnica
Blu	Modrá
Costa	Pobrežie
Dock	Dok
Granchio	Krab
Isola	Ostrov
Laguna	Lagúna
Mare	More
Oceano	Oceán
Ombrello	Dáždnik
Sabbia	Piesok
Sandali	Sandále
Scogliera	Útes
Sole	Slnko
Vacanza	Dovolenka

Sport
Športové

Allenatore	Tréner
Arbitro	Rozhodca
Atleta	Športovec
Baseball	Bejzbal
Basket	Basketbal
Bicicletta	Bicykel
Campionato	Majstrovstvo
Ginnastica	Gymnastika
Giocatore	Hráč
Gioco	Hra
Golf	Golf
Hockey	Hokej
Movimento	Pohyb
Palestra	Gymnázium
Squadra	Tím
Stadio	Štadión
Tennis	Tenis
Vincitore	Víťaz

Strumenti Musicali
Hudobné Nástroje

Armonica	Harmonika
Arpa	Harfa
Banjo	Banjo
Chitarra	Gitara
Clarinetto	Klarinet
Fagotto	Fagot
Flauto	Flauta
Gong	Gong
Mandolino	Mandolína
Marimba	Marimba
Oboe	Hoboj
Percussione	Perkusie
Pianoforte	Klavír
Sassofono	Saxofón
Tamburello	Tamburína
Tamburo	Bubon
Tromba	Trúbka
Trombone	Trombón
Violino	Husle
Violoncello	Violončelo

Strumenti di Cottura
Nástroje na Varenie

Bollitore	Kanvica
Colino	Cedník
Coltello	Nôž
Coperchio	Veko
Cucchiaio	Lyžica
Forbici	Nožnice
Forchetta	Vidlica
Forno	Rúra
Frigorifero	Chladnička
Frullatore	Mixér
Grattugia	Strúhadlo
Posate	Príbory
Spatola	Stierka
Spremiagrumi	Odšťavovač
Stufa	Sporák
Termometro	Teplomer
Tostapane	Hriankovač

Surf
Surfovanie

Atleta	Športovec
Campione	Majster
Divertimento	Zábava
Estremo	Extrémny
Folla	Davy
Forza	Sila
Meteo	Počasie
Oceano	Oceán
Onda	Vlna
Pagaia	Pádlo
Popolare	Populárny
Principiante	Začiatočník
Schiuma	Pena
Scogliera	Útes
Spiaggia	Pláž
Spray	Sprej
Stile	Štýl
Stomaco	Žalúdok
Velocità	Rýchlosť

Tecnologia
Technológia

Blog	Blog
Browser	Prehliadač
Byte	Bajtov
Computer	Počítač
Cursore	Kurzor
Dati	Údaje
Digitale	Digitálny
File	Súbor
Font	Písmo
Internet	Internet
Messaggio	Správa
Ricerca	Výskum
Schermo	Obrazovka
Sicurezza	Bezpečnosť
Software	Softvér
Statistiche	Štatistika
Telecamera	Fotoaparát
Virtuale	Virtuálny
Virus	Vírus

Tempo
Čas

Anno	Rok
Annuale	Ročný
Calendario	Kalendár
Decennio	Desaťročie
Dopo	Po
Futuro	Budúcnosť
Giorno	Deň
Ieri	Včera
Mattina	Ráno
Mese	Mesiac
Mezzogiorno	Poludnie
Minuto	Minúta
Notte	Noc
Oggi	Dnes
Ora	Hodina
Orologio	Hodiny
Presto	Čoskoro
Prima	Pred
Secolo	Storočie
Settimana	Týždeň

Tipi di Capelli
Typy Vlasov

Argento	Striebro
Asciutto	Suchý
Bianco	Biely
Biondo	Blond
Breve	Krátky
Calvo	Plešatý
Colorato	Farebné
Grigio	Šedá
Intrecciato	Pletené
Liscio	Hladký
Lungo	Dlhý
Marrone	Hnedý
Morbido	Mäkký
Nero	Čierny
Riccio	Kučeravý
Riccioli	Kučery
Sano	Zdravý
Sottile	Tenký
Spessore	Hrubý
Trecce	Vrkôčiky

Uccelli
Vtákov

Airone	Volavka
Anatra	Kačica
Aquila	Orol
Cicogna	Bocian
Cigno	Labuť
Colomba	Holubica
Cuculo	Kukučka
Fenicottero	Plameniak
Gabbiano	Čajka
Oca	Hus
Pappagallo	Papagáj
Passero	Vrabec
Pavone	Páv
Pellicano	Pelikán
Piccione	Holub
Pinguino	Tučniak
Pollo	Kura
Struzzo	Pštros
Tucano	Tukan
Uovo	Vajec

Vacanza #1
Dovolenka #1

Aereo	Lietadlo
Andare	Ísť
Auto	Auto
Biglietto	Lístok
Dogana	Colné
Itinerario	Itinerár
Lago	Jazero
Museo	Múzeum
Ombrello	Dáždnik
Partenza	Odlet
Rilassamento	Relaxácia
Spedizione	Expedícia
Tram	Električka
Turismo	Turista
Valigia	Kufor
Valuta	Mena
Zaino	Batoh

Vacanze #2
Dovolenka #2

Aeroporto	Letisko
Campeggio	Kemp
Destinazione	Cieľ
Foto	Fotografie
Hotel	Hotel
Isola	Ostrov
Mappa	Mapa
Mare	More
Passaporto	Pas
Ristorante	Reštaurácia
Spiaggia	Pláž
Straniero	Cudzinec
Taxi	Taxi
Tempo Libero	Voľný Čas
Tenda	Stan
Trasporto	Preprava
Treno	Vlak
Vacanza	Dovolenka
Viaggio	Cesta
Visto	Víza

Veicoli
Vozidlá

Aereo	Lietadlo
Ambulanza	Ambulancie
Auto	Auto
Autobus	Autobus
Barca	Loď
Bicicletta	Bicykel
Camion	Nákladné Auto
Caravan	Karavána
Elicottero	Vrtuľník
Metropolitana	Metro
Motore	Motor
Pneumatici	Pneumatiky
Razzo	Raketa
Scooter	Skúter
Sottomarino	Ponorka
Taxi	Taxi
Traghetto	Trajekt
Trattore	Traktor
Treno	Vlak
Zattera	Raft

Verdure
Zelenina

Aglio	Cesnak
Broccolo	Brokolica
Carciofo	Artičok
Carota	Mrkva
Cetriolo	Uhorka
Cipolla	Cibuľa
Fungo	Huba
Insalata	Šalát
Melanzana	Baklažán
Patata	Zemiak
Pisello	Hrach
Pomodoro	Paradajka
Prezzemolo	Petržlen
Rapa	Kvaka
Ravanello	Reďkovka
Scalogno	Šalotka
Sedano	Zeler
Spinaci	Špenát
Zenzero	Zázvor
Zucca	Tekvica

Vestiti
Oblečenie

Abito	Šaty
Braccialetto	Náramok
Camicetta	Blúzka
Camicia	Košeľa
Cappello	Klobúk
Cappotto	Plášť
Cintura	Pás
Collana	Náhrdelník
Giacca	Bunda
Gonna	Sukňa
Grembiule	Zástera
Guanti	Rukavice
Jeans	Džínsy
Maglione	Sveter
Moda	Móda
Pantaloni	Nohavice
Pigiama	Pyžamá
Sandali	Sandále
Scarpa	Topánka
Sciarpa	Šál

Virtù #1
Cnosti #1

Affascinante	Očarujúci
Affidabile	Spoľahlivý
Appassionato	Vášnivý
Artistico	Umelecký
Buono	Dobre
Curioso	Zvedavý
Decisivo	Rozhodujúci
Divertente	Smiešny
Efficiente	Účinný
Generoso	Štedrý
Indipendente	Nezávislý
Intelligente	Inteligentný
Modesto	Skromný
Paziente	Pacient
Pratico	Praktický
Pulito	Čistý
Saggio	Múdry
Utile	Užitočný

Congratulazioni

Ce l'hai fatta!

Speriamo che questo libro vi sia piaciuto tanto quanto a noi è piaciuto concepirlo. Ci sforziamo di creare libri della più alta qualità possibile.
Questa edizione è progettata per fornire un apprendimento intelligente, di qualità e divertente!

Le è piaciuto questo libro?

Una Semplice Richiesta

Questi libri esistono grazie alle recensioni che pubblicate.

Puoi aiutarci lasciando una recensione
ora a questo link ?

BestBooksActivity.com/Recensioni50

SFIDA FINALE!

Sfida n°1

Sei pronto per il tuo gioco gratuito? Li usiamo sempre, ma non sono così facili da trovare - ecco i **Sinonimi!**
Scrivi 5 parole che hai trovato nei puzzle (n° 21, n° 36, n° 76) e prova a trovare 2 sinonimi per ogni parola.

*Scrivi 5 parole del **Puzzle 21***

Parole	Sinonimo 1	Sinonimo 2

*Scrivi 5 parole del **Puzzle 36***

Parole	Sinonimo 1	Sinonimo 2

*Scrivi 5 parole del **Puzzle 76***

Parole	Sinonimo 1	Sinonimo 2

Sfida n°2

Ora che ti sei riscaldato, scrivi 5 parole che hai trovato nei puzzle n° 9, n° 17 e n° 25 e cerca di trovare 2 contrari per ogni parola. Quanti ne puoi trovare in 20 minuti?

Scrivi 5 parole del **Puzzle 9**

Parole	Antonimo 1	Antonimo 2

Scrivi 5 parole del **Puzzle 17**

Parole	Antonimo 1	Antonimo 2

Scrivi 5 parole del **Puzzle 25**

Parole	Antonimo 1	Antonimo 2

Sfida n°3

Grande! Questa sfida non è niente per te!

Pronto per la sfida finale? Scegli 10 parole che hai scoperto nei diversi puzzle e scrivile qui sotto.

1.	6.
2.	7.
3.	8.
4.	9.
5.	10.

Ora scrivi un testo pensando a una persona, un animale o un luogo che ti piace.

Puoi usare l'ultima pagina di questo libro come bozza.

La tua composizione:

TACCUINO:

A PRESTO!

Tutta la Squadra

BESTACTIVITYBOOKS.COM/FREEGAMES